Schlesische Küche

Genehmigte Sonderausgabe für Verlagsgruppe Weltbild GmbH,
Steinerne Furt, 86167 Augsburg
Copyright der Originalausgabe
© KOMET Verlag GmbH, Köln / www.komet-verlag.de

Umschlaggestaltung:
Atelier Seidel, Verlagsgrafik – Maria Seidel, Teising
Umschlagmotive:
links oben: picture-alliance/Bildagentur Huber;
rechts oben: picture-alliance/dpa
Bildnachweis: mauritius images: S. 4, 9, 13, 17, 21;
picture-alliance: S. 6/7, 10, 14, 18;
alle übrigen Abbildungen: KOMET Verlag GmbH, Köln
Gesamtherstellung: KOMET Verlag GmbH, Köln
Printed in China
978-3-8289-1466-7

2013   2012   2011
Die letzte Jahreszahl gibt die aktuelle Lizenzausgabe an.

Einkaufen im Internet:
www.weltbild.de

Schlesische Küche

Spezialitäten aus der Region

Weltbild

Inhaltsverzeichnis

Land & Leute

Der Schlesier hat es gut, denn er hat sein ureigenes Himmelreich – nur für sich. Das braucht er nicht etwa, weil seine Küche so schrecklich wäre, dass sie dem freudigen Esser ein frühes Ableben garantiert. Nein, der Schlesier hat vielmehr ein Nationalgericht, das für ihn das Schlaraffenland bedeutet und das heißt eben nun mal Schlesisches Himmelreich. Es handelt sich um eine für den Ortsfremden eher skurrile Komposition aus eingeweichtem Backobst, gekocht mit frischem oder geräuchertem Schweinefleisch und Klößen. Dem Schlesier ist dieser Eintopf eine geradezu geniale Sache, die dem Göttlichen nahe kommt. Mit Sehnsucht im Blick kann er ganze Geschichten erzählen von den Zeiten da es „derheeme", in der Heimat also, Riesenschüsseln mit warmem Backobst in würziger Sauce zu großen glänzenden Klößen und rosigem Rauchfleisch gab. Ein altes Kochbuch notiert den kulinarischen Dreiklang als besonders geeignet für den Speisezettel des Monats Mai. Warum wird nicht erklärt, es bleibt ein Geheimnis dieses aus Slawen, Thüringern und Franken entstandenen Volksstamms. Schon verständlicher ist die Tradition, dass das Schlesische Himmelreich auf keinen Fall in einem Hochzeitsmenü fehlen darf. Und auch am Weihnachtsabend ist das Gericht natürlich nicht wegzudenken. Es passt eigentlich immer und deshalb wundert es auch niemand, dass der Dichter Karl Klings – natürlich Schlesier – sein Himmelreich als absolut einzigartig beschreibt: „und däm kimmt kä Gerichte eim ganze Lande gleich!"

Der Weg ins Himmelreich führt den Schlesier zu einem anderen Relikt in Sachen Seligkeit: zu den Klößen! Es gibt sie in diesem östlichen Landstrich in geradezu unzähligen Varianten und, da staunt der Laie, sie müssen nicht immer rund sein! Doch ganz gleich in welcher Form, das geliebte Kliessla ist für den Schlesier Mittelpunkt so gut wie jeder Mahlzeit und eine Wissenschaft für sich. Da sind die Gummikliesslan, so genannt aufgrund ihrer äußerst flexiblen Konsistenz. Sie werden ausschließlich aus rohen Kartoffeln gemacht. Wird noch Kartoffelmehl untergehoben, handelt es sich um Schlesische Klöße. Um eine vollständig andere Sache handelt es sich, wenn je zur Hälfte gekochte und rohe Kartoffeln verwendet werden, dann spricht der Schlesier von Polnischen

Klößen. Das ist natürlich noch lange nicht alles, denn es kann dem Kloßteig Milch zugefügt werden oder die Kartoffel ohne kaltes Wasser, einfach so gerieben werden. Dann werden die Klöße braun und das Gericht heißt schlüssigerweise „Dunkle Kliesslan".

Natürlich gibt es auch Mehlklöße und riesige Hefeklöße, die auf dem Teller kaum Platz lassen für das Kompott. Klar zu erkennen ist: Der Schlesier neigt nicht zur Kleinlichkeit, schon gar nicht, wenn es um seinen Kloß geht. Er muss von deutlich großzügigem Ausmaß sein, sonst ist er nichts für den Schlesier, der – so ist es im Liedgut überliefert – fest davon überzeugt ist, dass er ohne seine Kliesslan zugrunde gehen muss. Hochge-

schätzt sind auch Brotklöße, also Semmelknödel, und es entbrennen immer wieder Diskussionen, ob nun sie oder doch lieber die Gummikliesslan das Himmelreich zieren dürfen. Klarheit lässt sich trotz üppiger Quellenlage nicht gewinnen, es handelt sich wohl mehr um eine Geschmacksfrage. Eine weitere erstaunliche Angelegenheit für den Nicht-Schlesier sind die Klöße, die eigentlich gar keine sind. Zum Beispiel die Schälklöße aus Nudelteig, die in Brühe serviert werden. Ihr erstaunlicher Name erklärt sich folgendermaßen: Es handelt sich nämlich weniger um die klassische Ballform, sondern vielmehr um Teigrollen, die mit in Butter gebratenen Semmelbröseln gefüllt in eine Form geschichtet und mit Brühe übergossen gegart werden. Im servierfertigen Zustand sehen sie aus, als würde sich die Rolle schälen. Auch die äußerst beliebten Mohnkliesslan haben zunächst nicht unbedingt etwas mit der gewohnten Rundung zu tun. Genau genommen handelt es sich um eine kompakte Masse aus Semmelscheiben, die mit Mohnbrei in eine Schüssel geschichtet werden. Erst wenn der Familienvorstand für jeden austeilt, werden von der gut gekühlten Masse mehr oder weniger ballförmige Gebilde abgestochen. Mohnkliesslan, zu denen so mancher Schlesier – so wird berichtet – gerne einen Glühwein trinkt, haben besonders während der Weihnachtsfeiertage eine tragende Rolle. Ohne sie ist für den Schlesier nicht nur kein Weihnachten, sondern auch der Weltuntergang nahe. Apropos Christfest und fest gefügte Rituale: Was dem Sachsen sein Dresdner Christstollen, ist dem Schlesier sein Striezel. Einfallsreich wurde der in länglicher Form gebackene, und einmal übergeschlagene Hefeteig entweder nur mit Zuckerguss überzogen oder zur Zimtrolle geformt, in edlerer Variante wird er mit Rosinen und Mandeln

gefüllt oder auch mit reichlich Mohn. Ob einfach oder üppig, es war grundsätzlich Pflicht, dass ein jeder, der zum Hausstand gehörte, seinen eigenen Striezel bekam – gemäß seiner Würde und Stellung versteht sich.

Sie ahnen es längst, die schlesische Küche ist etwas für genussfreudige, kräftige Esser, von schlanker Figur ist hier kaum die Rede. Höchstens vom Hunger, denn die Arbeiter in den Kohlebergwerken oder die Leineweber, wie sie der Nobelpreisträger Gerhard Hauptmann verewigt hat, litten schwere Not. Für sie war schon Brot zu teuer. Sie aßen Kartoffel mit wenig Quark, ein Hering oder etwas Butter waren das höchste der Gefühle. In dem Volkslied „Vom schlesischen Bauernhimmel" wird ihr Traum davon beschrieben, wie es aussieht, wenn sie einmal nicht hungern müssen.

Ein Vers lautet:

> „Fressen werd'n wir wie die Fürschte
> Sauerkraut und Leberwürschte
> S Doppelbier wird niemals sauer
> Denn dort sein die besten Brauer"

Bier ist das von alters her heiß geliebte Getränk des Schlesiers. Er nennt seinen kräftigen, dunklen Gerstensaft Schöps. Für seine Qualität spricht folgende überlieferte Geschichte: Conrad, genannt der Bucklige, Herzog von Sagan und Steinau, wurde zum Bischof von Salzburg gewählt. Daraufhin machte er sich eilends auf den weiten Weg zur neuen Wirkungsstätte. Doch er kam während der Reise nicht über Wien hinaus, denn dort wurde ihm hinterbracht, dass die Salzburger – oh Graus – nur Wein tränken, Bier gäbe es überhaupt

keines. Conrad war erschüttert und kehrte auf der Stelle um. Das Bistum Salzburg war nicht für ihn bestimmt, ein anderer musste die Stelle übernehmen.

Wer jetzt aber glaubt, dass in Schlesien gar kein Wein angebaut wurde, liegt falsch. Es wird durchaus von einem Tropfen berichtet, der allerdings so sauer war, dass selbst dem Teufel davor graust. Ein schlesisches Trinklied zitiert den angewiderten Diabolus mit den Worten: „Doch mehr zu trinken solch sauren Wein, müsst ich geborner Schlesier sein!" Bier ist also das Getränk der Wahl. Keine Feier war ohne das herrliche Gebräu denkbar. Wurde ein Kind geboren, gab es Freibier bis zum Abwinken,

„Kindelbier" nannte es sich, wenn zu Ehren des neuen Erdenbürgers ein großer Kegel über der Haustür hing und die Trinklustigen zusammenströmten und sich zuprosteten. Besonders das Bier aus der Stadt Schweidnitz gilt als eine Delikatesse. Die Stadt ist berühmt für ihre evangelische Friedenskirche „Zur Dreifaltigkeit". Diese größte Holzkirche Europas aus der Mitte des 17. Jahrhunderts zählt heute zum Unesco-Weltkulturerbe. Schon vorher im 14. und 15. Jahrhundert wurde in der Stadt das Gerstenbier gebraut und der Name verbreitete sich schnell im Land. In mehreren Städten gab es einen „Schweidtnitzer Keller", in dem das gleichnamige Bier ausgeschenkt wurde. Der berühmteste dieser uralten Braukeller befindet sich im

Breslauer Rathaus und stammt aus dem Jahre 1273. Er besteht aus insgesamt zehn verschiedenen Räumen, wo dereinst die Gäste in Stände unterteilt ihrem Vergnügen nachgingen. Große Persönlichkeiten wie Goethe und Chopin waren dort zu Gast.

Wie in vielen vom bäuerlichen Gedankengut dominierten Gesellschaften, ist es auch für den Schlesier nicht erstrebenswert von zarter Gestalt zu sein. Eine weit verbreitete Lebensweisheit lautet: „Suppe macht Wompe, und Wompe macht Ansehn, und Ansehn gibt Kredit." Leichter als mit einer Suppe kam der Schlesier zu viel „Ansehen" durch seine Weihnachts-Spezialitäten. Allen voran gilt es da die Liegnitzer Bombe zu erwähnen, ein – wie der Name schon sagt – in Form und Inhalt reichhaltiges Gebäck. Als fast noch beliebter gilt allerdings das Neißer Konfekt. Es handelt sich um kleine Honigkuchen von mildwürziger Süße, die nach der schönen Bischofsstadt mit ihren herrlichen Kirchen und Renaissancebürgerhäusern benannt sind. Neiße – auch berühmt als die Eichendorffstadt, da der Dichter dort seinen Altersitz hatte und beigesetzt wurde – kann auf eine vierhundertjährige Tradition der Pfefferküchlerei verweisen. Alte Modeln aus dem 17. Jahrhundert verraten uns, was damals en vogue war. In braunem Teig dargestellt wurden unter anderem Adam und Eva, Jagdszenen oder der auferstandene Christus. Wie auch immer die Leckereien geformt waren, ohne etwas Süßes war und ist für den Schlesier der Tag nicht vollkommen. Was den Betuchten ihr Gebäck, war den einfachen Leuten eine Scheibe Brot mit dem allgegenwärtigen und preisgünstigen Rübensirup.

Und noch eine Sache ist dem Schlesier heilig – dem Gläubigen und dem Abergläubischen: der Karpfen zur Weihnachtszeit. Und das hat seinen Grund. In dem riesigen Gebiet von Seen und Teichen, die in den oberschlesischen Wäldern eingebettet lagen, in den ausgedehnten Wasserflächen im Sulauer, Militscher und Trachenberger Niederungsgelände und in den Fischteichen bei Liegnitz und in der Lausitzer Heide wurden vierzig Prozent der gesamten Karpfen-Produktion Deutschlands erwirtschaftet. Im Spätherbst wurden die Fische zum Entschlammen in frisches Wasser umgesetzt und standen dann zur Zeit der Festtage auf den Speisenkarten im ganzen Land, „sogar bis ins ferne Hamburg", wird berichtet. Die Schlesier selbst aßen den zarten Fisch am liebsten mit „Polnischer Tunke, die einen schön warm macht, weil sie Bier enthält und Gewürze, und weil sie glänzt von den Butterstücken". Vor allem galt es aber nicht zu vergessen, vom Weihnachtskarpfen drei Schuppen in den Geldbeutel zu legen, das sollte das ganze Jahr über Geld in Hülle und Fülle bringen.

Der schlesische Schriftsteller, Politiker und Journalist, Gustav Freytag beschreibt seine Landsleute als „lebhaftes Volk von gutmütiger Art, heiterem Sinn, genügsam, höflich und gastfrei, eifrig und unternehmungslustig, arbeitsam wie alle Deutschen, aber nicht vorzugsweise dauerhaft und nicht vorzugsweise sorgfältig; von einer unübertrefflichen Elastizität, aber ohne gewichtigen Ernst, behände und reichlich in Worten, aber nicht ebenso eilig in der Tat, mit einem weichen Gemüt, sehr geneigt, Fremdes auf sich wirken zu lassen, und doch mit nüchternem Urteil, welches ihnen die Gefahr verringerte, das eigene Wesen auf-

zuopfern." Von anderen wird der typische Wesenszug der Einheimischen „Schlesische Toleranz" genannt.

Die wechselvolle Geschichte in der Grenzregion zwischen Deutschland, Polen und Tschechien war den Menschen zweifellos eine Katastrophe, der Küche brachten die unterschiedlichen Einflüsse großen Variantenreichtum.

Vor allem die direkten Nachbarn Thüringen, Böhmen und Polen, aber auch Preußen und vor allem Österreich mit seinen Mehlspeisen haben in Schlesien ihre Spuren hinterlassen. Eine leckere Vielfalt ist deshalb das, was uns heute überliefert ist. Auch im Naturell, da sind sich die Gelehrten einig, ist der Schlesier eine gelungene Zusammenfügung des thüringischen, fränkischen und slawischen Gemüts: Er sei besonders heiter und poetisch. Da kommt es nicht von ungefähr, wenn sich unter den zahlreichen Gedichten zum Thema Küche und Keller eines besonders hervortut. Es stammt von einem Mann mit schicksalhaftem Namen: Einem Hermann Bauch scheint es geradezu Verpflichtung, eine Ode an den Streuselkuchen zu verfassen:

Schläscher Kucha, Sträselkucha,
doas is Kucha Sapperlot!
Wie's auf Hergotts weiter Arde
nernt nich su was Gudes hoot
Wär was noch su leckerfetzig,
eim Geschmack ooch noch su schien:
Ieber schläschen Sträselkucha
Tutt halt eemal nischt nich giehn!

Dieser Streuselkuchen ist eine der Säulen der Schlesischen Küche. Er wird zu allen möglichen und unmöglichen Gelegenheiten verspeist und darf auch bei einer „Hurt", wie der Schlesier die Hochzeit nennt, nicht fehlen. Von zahlreichen Bauernhochzeiten wird zum Beispiel berichtet, dass die Braut auf ihrer gigantischen Aussteuer (vom Sofa bis zur Milchkanne hatte sie alles dabei) im Leiterwagen thronend zum Bräutigam transportiert wurde und dabei vom „Brautfuder" herunter Streuselkuchen in rauen Mengen an Verwandte, Freunde und Schaulustige verteilte. Hochzeiten müssen damals wahre Fressorgien gewesen sein: „Do kann man sich de Zähne wetza, denn do tutt's was gehierges setza", lautet ein altes Sprichwort. Doch die schlesische Küche bedeutet nicht nur Bauernmahlzeiten und die von Armut dominierte Küche der Bergarbeiter und Weber. Leo Graf von Lanckoronski berichtet in dem Buch „Gesegnete Mahlzeit", das er unter dem Pseudonym Beda von Müller schrieb, von köstlichen Austernplatten und leckeren Kaviartoasts sowie von einer Taubenbouillon, die ihm als aufbauende Krankenkost unumgänglich schien. Auch schreibt er von ausgezeichneten Wildgerichten, die in den großartigen Jagdgebieten sowohl von polnischen als auch schlesischen Köchen bereitet wurden: Diese Meister ihres Fachs würzten das herrliche Fleisch mit Speck, Wacholderbeeren, Thymian und Muskat. Zum Schluss schmeckten sie die gehaltvolle Sauce mit einigen Löffeln saurer Sahne ab.

Doch nicht nur Prosaisches berichten uns die Altvorderen. Goethe zum Beispiel hinterließ uns anno 1790 ein Notiz über die Freuden der angenehmen Landschaft:

„Seit Anfang des Monats bin ich nun in diesem zehnfach interessanten Lande, habe schon manche Theile des Gebirgs und der Ebene durchstrichen und finde, dass es ein sonderbar schönes, sinnliches und begreifliches Ganzes macht."

Kein Wunder, denn Flüsse und Seen, Wälder und Felder bestimmen das Land in der Region von Oder, Neiße und der Elbquelle im Riesengebirge. Dort ist auch die Heimat Rübezahls, des launischen Riesen, des Wetterherren der Berge. Er sendet unerwartet Blitz und Donner, Nebel, Regen und Schnee herunter, wo eben noch eitel Sonnenschein war. Am Hang der Schwarzen Koppe wird eine

Felsgruppe als „Rübezahls Lustgarten" bezeichnet und auch anderswo werden eigentümliche Steingebilde nach ihm benannt. Der Riese ist jedoch kein Ungeheuer. Gegen gute Menschen gilt er als durchaus freundlich. Er lehrt sie zum Beispiel Heilmittel sammeln. Von denen, die ihn aber verspotten, soll es so mancher bitter bereut haben. Da der Riese der Sage nach seinen Namen nicht leiden kann, wird er von den Kräutersuchern „Herr Johannes" genannt.

Das Sammeln von Heilkräutern hat in Schlesien eine lange Tradition. Hedwig, die Schutzpatronin der Region, holte bereits im frühen Mittel-

alter Zisterzienser ins Land, die für das Roden und Kolonisieren zuständig sein sollten. Mit ihnen kam auch das Wissen um die Kräuter. Engelsüß und Liebstöckel galten als Schutz gegen Zauber und Hexenschaden. Der Saft des Beifußkrautes machte unüberwindlich, allerdings nur, wenn er auf den Ellenbogen aufgetragen wurde. Die Wurzel des Krauts dagegen sollte gegen so gut wie jedes Übel um den Hals getragen werden. Gegen Hexenschuss wiederum wurde Knoblauch mit Lehm und Essig vermischt aufgetragen. Die Kräutersammler und Wunderheiler wurden als Laboranten bezeichnet und waren bis ins 19. Jahrhundert hinein aktiv. Sie sind auch für ein weiteres berühmtes Produkt verantwortlich, das in Schlesien seinen Ursprung hat: den Stonsdorfer Kräuterlikör.

Genug erzählt, nur noch schnell ein neuzeitlicheres Zitat des Schlesiers Bernhard Grzimek, das uns eine Idee gibt vom Optimismus und Humor seiner Landsleute: „Und nun überlegen Sie mal, wie schlimm es geworden wäre, wenn Sie als Flamingo auf die Welt gekommen wären, dann würde es Ihnen noch schlimmer gehen."

Doch nun ist endgültig Schluss, denn Gerhart Hauptmann liegt mir in den Ohren: „Her uf mit dem Gemähre."

Guten Appetit!

Suppen

Sauerampfersuppe

Zutaten für 4 Personen

300 g Sauerampfer
40 g Butter
40 g Mehl
Salz
1 Eigelb
1 hart gekochtes Ei

Zubereitungszeit

15 Minuten (plus Kochzeit)

Pro Portion

ca. 167 kcal/700 kJ
6 g E · 12 g F · 9 g KH

1 Den Sauerampfer putzen, waschen und tropfnass in einem Topf langsam erhitzen bis er ganz weich wird.

2 Die Butter zerlassen, das Mehl darin anschwitzen und den Sauerampferbrei und 1 1/8 l Wasser darunter rühren. Aufkochen und 5 Minuten köcheln lassen, mit Salz abschmecken, pürieren und durch ein Sieb streichen.

3 Das Eigelb mit etwas Wasser verquirlen und die Suppe damit legieren. Das hart gekochte Ei schälen und in Scheiben schneiden. Die Suppe auf Tellern anrichten und mit Eischeiben garniert servieren.

Schotensuppe

Zutaten für 4 Personen
500 g frische grüne Erbsen
Salz
1 Möhre
60 g Butter
Zucker
30 g Mehl
Pfeffer
1 Eigelb
3 El Sahne
1/2 Bund gehackte Petersilie

Zubereitungszeit
20 Minuten (plus Kochzeit)

Pro Portion
ca. 288 kcal/1209 kJ
10 g E · 17 g F · 22 g KH

1 Die Erbsen enthülsen und die gewaschenen Schalen in 1 1/2 l Salzwasser gar kochen. Anschließend abgießen und den Sud auffangen. Die Möhre schälen und in feine Stifte schneiden.

2 Die Erbsen in 20 g Butter andünsten, die Möhren mitdünsten lassen. Alles mit Zucker und Salz abschmecken, Gemüse etwa 5–10 Minuten garen lassen.

3 Aus 40 g Butter und dem Mehl eine Mehlschwitze zubereiten. Mit dem Erbsensud aufgießen und 10 Minuten kochen lassen. Die Erbsen und Möhren zur Suppe geben, mit Salz und Pfeffer abschmecken. Das Eigelb mit der Sahne verquirlen und die Suppe damit legieren. Die Schotensuppe mit Petersilie bestreut servieren.

Kartoffelsuppe

Zutaten für 4 Personen

2 Zwiebeln

50 g durchwachsener Speck

200 g Sellerieknolle

1 Stange Porree

600 g Kartoffeln

1 El Butterschmalz

1 l Gemüse- oder Fleischbrühe

200 g Fleischwurst

5 Gewürzgurken

Salz

1/2 Bund Petersilie

Zubereitungszeit

20 Minuten (plus Kochzeit)

Pro Portion

ca. 283 kcal/1186 kJ

12 g E · 13 g F · 27 g KH

1 Die Zwiebeln schälen und klein würfeln. Den durchwachsenen Speck ebenfalls klein würfeln. Den Sellerie putzen, schälen und in feine Streifen schneiden. Den Porree putzen, gründlich waschen und in dünne Scheiben schneiden. Die Kartoffeln schälen, waschen und in kleine Würfel schneiden.

2 Das Butterschmalz in einem Topf erhitzen. Den Speck darin goldgelb anbraten. Die Zwiebeln dazugeben und glasig dünsten. Das restliche Gemüse ebenfalls hinzufügen und 5 Minuten unter Rühren mitdünsten lassen.

3 Die Brühe langsam angießen, alles aufkochen und etwa 15 Minuten köcheln lassen.

4 Die Fleischwurst und die Gewürzgurken in Scheiben schneiden. Beides zur Suppe geben und darin erhitzen.

5 Die Suppe mit Salz abschmecken. Die Petersilie waschen, trocken schütteln und klein hacken. Die Suppe mit der gehackten Petersilie bestreuen und servieren.

Hirschberger Braunbiersuppe

Zutaten für 4 Personen

250 ml Milch
1 El Butter
1 Stange Zimt
abgeriebene Schale von
1/2 unbehandelten Zitrone,
Salz
40 g Speisestärke
500 ml dunkles Bier
1 El Zucker
Zitronenmelisse

Zubereitungszeit

10 Minuten (plus Kochzeit)

Pro Portion

ca. 172 kcal/725 kJ
3 g E · 5 g F · 20 g KH

1 500 ml Wasser mit der Milch, der Butter, dem Zimt, der Zitronenschale und etwas Salz aufkochen.

2 Die Speistärke mit etwas Wasser glatt verrühren. Die Suppe damit
binden und 10 Minuten köcheln lassen.

3 Die Zimtstange entfernen und das Braunbier dazugießen. Suppe erhitzen, aber nicht mehr kochen lassen und mit dem Zucker abschmecken. Die Zitronenmelisse in Streifen schneiden und die Braun-
biersuppe damit garnieren.

Mehlsuppe

Zutaten für 4 Personen

1 l Milch
Salz
1 Stück Zimtstange
40 g Mehl
30 g Butter
1 Eigelb
etwas geriebene
Zitronenschale
Zitronenmelisse zum Garnieren

Zubereitungszeit
10 Minuten (plus Kochzeit)

Pro Portion
ca. 275 kcal/1155 kJ
10 g E · 17 g F · 20 g KH

1 Die Milch mit etwas Salz und der Zimtstange zum Kochen bringen.

2 Das Mehl mit etwas kaltem Wasser anrühren und in die kochende Flüssigkeit rühren. Etwa 10 Minuten köcheln lassen, anschließend die Butter unterrühren.

3 Die Suppe mit dem verquirlten Eigelb legieren. Die Zimtstange entfernen und die Zitronenschale unterrühren. Die Zitronenmelisse in Streifen schneiden und die Suppe damit garnieren.

Mehlsuppe ist eine äußerst populäre Suppe, die es in verschiedenen regionalen Variationen gibt. In manchen Regionen ist sie ein fester Bestandteil des Ostersonntag-Festmahls. Besonders hervorzuheben ist ihr leicht säuerlicher Geschmack, der ursprünglich durch vergorenes Roggenschrot zustande kam. Heute wird stattdessen etwas geriebene Zitronenschale hinzugefügt.

Taubensuppe mit Reis

Zutaten für 4 Personen

2 küchenfertige Tauben mit
   Herz, Magen, Leber
   und Nieren
2 Möhren
150 g Sellerie
1 Petersilienwurzel
1 Zwiebel
1 Tl Salz
2 El Butter
125 g Reis
Pfeffer
1/2 Bund gehackte
   glatte Petersilie

Zubereitungszeit

20 Minuten (plus Kochzeit)

Pro Portion

ca. 360 kcal/1512 kJ
17 g E · 19 g F · 31 g KH

1 Tauben mit 1 3/4 l Wasser langsam zum Kochen bringen. Den sich dabei bildenden Schaum abschöpfen.

2 Die Möhren, den Sellerie, die Petersilienwurzel und die Zwiebel putzen, schälen und halbieren. Wenn sich kein Schaum mehr absetzt das Gemüse mit Salz zur Suppe geben. Die Suppe zugedeckt etwa 1 1/2 Stunden köcheln lassen.

3 Das Herz, den gesäuberten Magen, Leber und Nieren in 1 El Butter andünsten. Etwas von der Taubenbrühe hinzugießen und etwa 15 Minuten garen lassen. Anschließend die Innereien herausnehmen und den Sud zur Suppe geben.

4 Den Reis gründlich kalt waschen, damit alle Stärke entfernt wird. 20 Minuten vor Ende der Garzeit in die Suppe streuen. Sind die Tauben gar, herausnehmen und das Gemüse entfernen.

5 Das Fleisch in grobe Stücke schneiden und wieder in die Suppe geben. Die Suppe mit Salz und Pfeffer abschmecken. Restliche Butter und Petersilie unterrühren und die Suppe servieren.

Heute sind Tauben und damit auch die hervorragende Taubensuppe fast vom Speiseplan verschwunden. Nur ganz selten kommt Taube noch auf den Tisch. Im 19. und frühen 20. Jahrhundert gehörte sie fest zum Repertoire der bürgerlichen Küche. Ihr festes Fleisch ergibt eine kräftige und nährstoffreiche, aber trotzdem nicht fette Brühe – daher war sie früher eine geschätzte Krankenkost.

Bierkaltschale

Zutaten für 4 Personen

40 g Korinthen

3–4 El geriebenes
   Schwarzbrot

2–3 El Zucker

Saft und abgeriebene Schale
   von 1/2 unbehandelten
   Zitrone

1 l Braunbier

Zubereitungszeit

10 Minuten
(plus Einweichzeit)

Pro Portion

ca. 803 kcal/3371 kJ
7 g E · 2 g F · 174 g KH

1 Die Korinthen in einer Schüssel mit 125 ml lauwarmem Wasser etwa 30 Minuten einweichen lassen.

2 Das Schwarzbrot mit dem Zucker, dem Zitronensaft und der Zitronenschale verrühren. Die gequollenen Korinthen hinzugeben und damit vermischen.

3 Alles mit dem gut gekühlten Braunbier übergießen. Die Suppe bis zum Servieren kalt stellen.

Pilzsuppe mit Backobst und Pfefferkuchen

Zutaten für 4 Personen

50 g getrocknete Pilze
150 g Backobst
50 g Rosinen
50–100 g Pfefferkuchen
Salz
Zucker
Zitronensaft

Zubereitungszeit

10 Minuten
(plus Einweichzeit)

Pro Portion

ca. 217 kcal/909 kJ
7 g E · 2 g F · 41 g KH

1 Die Pilze am Abend vorher in etwa 500 ml Wasser einweichen. Das Backobst und die Rosinen etwa 1 Stunde in etwa 500 ml warmem Wasser quellen lassen. Den Pfefferkuchen etwa 10 Minuten in wenig Wasser einweichen.

2 Alle Zutaten mit dem Einweichwasser langsam zum Kochen bringen, bis sich der Pfefferkuchen vollständig auflöst.

3 Die Suppe darf nicht mehr kochen. Mit Salz, Zucker und Zitronensaft abschmecken und servieren.

Oft fallen große Feste in Polen mit traditionellen Fastenzeiten zusammen, sodass die aufgetragenen Speisen fleischlos sind. An Genuss stehen diese Speisen den fleischlichen Speisen in nichts nach. So ist z. B. die Pilzsuppe eine traditionelle Festtagsspeise, die fleischlos angerichtet wird, um in der Fastenzeit den Gaumen zu erfreuen.

Linsensuppe
mit Semmelbröckchen

Zutaten für 4 Personen

250 g Linsen
600 g Suppenfleisch
1 Bund Suppengemüse
1 Zwiebel
2 Scheiben Brot
40 g Butter
Salz

Zubereitungszeit

15 Minuten
(plus Einweich- und Kochzeit)

Pro Portion

ca. 628 kcal/2636 kJ
46 g E · 30 g F · 43 g KH

1 Die Linsen am Vorabend in 1 1/4 l kaltem Wasser einweichen. Am nächsten Tag mit dem Einweichwasser und dem Fleisch zum Kochen bringen. Den sich bildenden Schaum entfernen und die Suppe salzen.

2 Das Suppengemüse putzen, waschen und klein schneiden. Die Zwiebel schälen, würfeln und mit dem Suppengemüse zur Suppe geben. Suppe aufkochen und 2 Stunden leicht köcheln lassen.

3 Das Brot in kleine Stückchen reißen und in einer Pfanne mit heißer Butter goldbraun braten. Die Suppe mit Salz abschmecken und mit den gerösteten Brotstückchen servieren.

Tomatensuppe

Zutaten für 4 Personen

500 g vollreife Tomaten
1 Zwiebel
50 g Schinkenspeck
1 El Butter
40 g Mehl
1 1/8 l leichte Gemüsebrühe
Salz
1 Prise Zucker
1 Eigelb
etwas Schnittlauch
zum Garnieren

Zubereitungszeit
15 Minuten (plus Kochzeit)

Pro Portion
ca. 122 kcal/512 kJ
6 g E · 5 g F · 13 g KH

1 Die Tomaten waschen, den Stielansatz entfernen und klein schneiden. Die Zwiebel schälen und klein würfeln. Den Speck ebenfalls klein würfeln.

2 Die Butter zerlassen und den Speck darin auslassen. Die Tomaten und Zwiebelwürfel darin 10 Minuten dünsten. Das Mehl darüberstäuben und die Brühe angießen. Alles unter Rühren aufkochen, 15 Minuten kochen lassen.

3 Anschließend pürieren und mit Salz und Zucker abschmecken. Das Eigelb mit Wasser verrühren und die Suppe damit legieren. Den Schnittlauch waschen und die Suppe mit einigen Schnittlauchhalmen garniert servieren.

Rindfleischbrühe mit Markklößchen

Zutaten für 4 Personen

- 2 Zwiebeln
- ca. 750 g Beinscheibe vom Rind
- 1 Bund Suppengrün
- 3–5 schwarze Pfefferkörner
- 1 Gewürznelke
- 40 g Paniermehl
- 20–30 g Mehl
- Salz, Pfeffer
- 1–2 Eier
- 1/2 Bund Petersilie

Zubereitungszeit

30 Minuten (plus Kochzeit)

Pro Portion

ca. 303 kcal/1270 kJ
46 g E · 6 g F · 16 g KH

1 Einen Suppentopf erhitzen, die Zwiebeln schälen, halbieren und darin kräftig bräunen lassen. 40 g Mark aus dem Knochen drücken. Fleisch zu den Zwiebeln geben und 1 1/2 l kochendes Wasser angießen. Zum Kochen bringen und 1 Stunde köcheln lassen. Den aufsteigenden Schaum entfernen.

2 Das Suppengrün putzen, waschen und unzerkleinert dazugeben. Die Pfefferkörner und die Nelke ebenfalls dazugeben, etwa 1 1/2 Stunden weiterköcheln lassen.

3 Das Mark zerlassen und durchsieben, anschließend Paniermehl und Mehl darin anschwitzen. Etwa 125 ml kochendes Wasser unterrühren. Salzen, pfeffern, vom Herd nehmen und etwas abkühlen lassen. Ei darunterrühren und aus der Masse mit nassen Händen kleine Klößchen formen.

4 Einen Probekloß in kochendem Salzwasser gar ziehen lassen. Fällt der Kloß auseinander noch etwas Mehl darunterkneten. Restliche Klöße ebenso garen. Petersilie waschen, trocken schütteln und klein hacken.

5 Suppe durchsieben und salzen. Fleisch klein schneiden und mit den Klößchen zur Suppe geben. Mit Petersilie bestreut servieren.

Kleine
Gerichte

Kartoffelsalat

Zutaten für 4 Personen

750 g in Kartoffeln
Salz
ca. 200 g Sellerie
1 große Petersilienwurzel
4 Möhren
2 Äpfel
2 hart gekochte Eier
5 saure Gurken
2 Zwiebeln
250 g Erbsen a. d. Dose
250–300 g Mayonnaise
3–4 El Weinessig
Pfeffer

Zubereitungszeit

30 Minuten
(plus Garzeit und Zeit
zum Ziehen)

Pro Portion

ca. 713 kcal/2993 kJ
10 g E · 53 g F · 48 g KH

1 Die Kartoffeln sauber bürsten, waschen und mit Schale in Salzwasser 20 Minuten garen. Abgießen, pellen und anschließend klein würfeln. Das Gemüse putzen, waschen und schälen, in kleine Würfel schneiden und in wenig Wasser bissfest garen.

2 Äpfel schälen, Kerngehäuse entfernen und die Äpfel würfeln. Eier schälen und grob hacken, Gurken klein würfeln. Die Zwiebeln schälen und fein hacken. Alles mit dem Gemüse, den abgetropften Erbsen und den Kartoffeln gründlich vermischen.

3 Mayonnaise mit Essig, Salz und Pfeffer verrühren und kräftig abschmecken. Mit den Salatzutaten vermischen, Salat mindestens 12 Stunden abgedeckt kalt stellen. Vor dem Servieren noch einmal abschmecken.

Eier und Tomaten in Aspik

1 Gelatine in kaltem Wasser einweichen. Die Eier schälen und in Scheiben schneiden. Die Tomaten kreuzweise einritzen, mit kochendem Wasser überbrühen, anschließend häuten und in Scheiben schneiden. Die Hühnerbrühe erhitzen und die Gelatine darin auflösen. Den Dill waschen und trocken schütteln.

2 4 kleine Förmchen oder Tassen kalt ausspülen. Etwas von der Hühnerbrühe hineingießen, etwas Dill darauf legen und im Kühlschrank erstarren lassen.

3 Anschließend Tomaten- und Eischeiben im Wechsel in die Förmchen einschichten und restliche Brühe darübergießen. Abgedeckt im Kühlschrank fest werden lassen. Zum Servieren stürzen und mit fein geschnittenen Gurkenscheiben servieren.

Zutaten für 4 Personen
8 Blatt weiße Gelatine
8 hart gekochte Eier
8 Tomaten
500 ml Hühnerbrühe
etwas frischer Dill

Zubereitungszeit
20 Minuten (plus Kühlzeit)

Pro Portion
ca. 225 kcal/943 kJ
19 g E · 14 g F · 5 g KH

Wellwurst im Glas

Zutaten für 4 Personen

250 g Schweineschwarten
1 kg Schweinebauch
Salz, Pfeffer
500 g Schweineleber
5 Brötchen
6 Zwiebeln
100 g Schweineschmalz
1 El Thymian
1 El Majoran

Zubereitungszeit

30 Minuten
(plus Koch- und Sterilisierzeit)

Pro Portion

ca. 833 kcal/3497 kJ
65 g E · 48 g F · 37 g KH

1 Die Schwarten und den Schweinebauch in kochendes Salzwasser geben und etwa 1 Stunde köcheln lassen. Die Leber parieren und klein würfeln. Das gegarte Fleisch und die Schwarten abgießen, die Brühe auffangen.

2 Die Brötchen klein schneiden und in der heißen Brühe einweichen, anschließend ausdrücken. Das gegarte Fleisch ebenfalls klein würfeln. Die Schwarten in Streifen schneiden.

3 Die Zwiebeln schälen und grob würfeln. Das Schmalz erhitzen und die Zwiebeln darin langsam glasig werden lassen. Herausnehmen und abtropfen lassen, das Fett auffangen. Den Backofen auf 200 °C vorheizen.

4 Alles durch den Fleischwolf drehen, anschließend mit Thymian, Majoran, frisch gemahlenem Pfeffer und Salz kräftig würzen. Die Masse in heiß ausgespülte kleine Einmachgläser füllen, das flüssige Schmalz darüber verteilen.

5 Die Gläser luftdicht verschließen und im heißen Wasserbad im vorgeheizten Backofen bei 200 °C je nach Gläsergröße 10–25 Minuten sterilisieren.

Schlesische Wellwurst ist entweder weiß oder mit Schweineblut rot gefärbt. Bis 1945 war sie vor allem in Schlesien und den angrenzenden Gebieten bekannt, wurde danach aber – zunächst vor allem durch die Heimatvertriebenen – auch im westlichen Deutschland hergestellt. In Schlesien wurde Wellwurst traditionell mit Kartoffelpüree und Sauerkraut serviert.

Kartoffelklöße mit Rührei

Zutaten für 4 Personen

6 Eier

Salz, Pfeffer

50 g eiskalte Butterflöckchen

75 g saure Sahne

6–8 gegarte Kartoffelklöße
(Rezept Seite 62)

Butterschmalz zum Backen

1–2 El gehackte Kräuter

Zubereitungszeit

15 Minuten (plus Backzeit)

Pro Portion

ca. 270 kcal/1134 kJ

13 g E · 22 g F · 5 g KH

1 Die Eier mit Salz, Pfeffer, kleinen Butterflöckchen und der sauren Sahne mit einer Gabel verquirlen. Die Klöße mit 2 Gabeln zerreißen.

2 Etwas Butterschmalz in einer Pfanne langsam zerlassen. Die Eimasse hineingeben und an der Unterseite bei geringer Hitze stocken lassen. Die Klöße sofort dazu geben.

3 Mit einem Pfannenspatel die Masse zur Mitte schieben, damit das flüssige Ei stocken kann. Das Rührei sollte an der Oberfläche leicht feucht und glänzend sein. Alles mit Kräutern bestreut servieren.

Gänseschmalz mit Äpfeln und Nüssen

Zutaten für 4 Personen
ca. 600 g Gänseflomen
200 g Schweineflomen
8 kleine Äpfel (Cox Orange)
1 Zwiebel
1 Zweig Thymian oder Beifuß
80 g gehackte Nüsse

Zubereitungszeit
15 Minuten
(plus Zeit zum Wässern
und zum Auslassen)

Pro Portion
ca. 388 kcal/1628 kJ
6 g E · 33 g F · 18 g KH

1 Gänseflomen einen Tag lang in kaltem Wasser wässern, Wasser zwischendurch einmal wechseln. Anschließend abtrocknen und in kleine Würfel schneiden. Schweineflomen ebenfalls klein würfeln.

2 Beides in einen Topf geben. Äpfel waschen, abtrocknen, das Kern-gehäuse entfernen, Fruchtfleisch würfeln und zum Flomen geben. Die Zwiebel schälen und klein gewürfelt dazugeben. Thymian oder Bei-fuß waschen, trocken schütteln und ebenfalls dazugeben.

3 200 ml Wasser angießen und Fett bei geringer Hitze langsam aus-braten lassen. Wenn die Grieben goldgelb sind, die Kräuter ent-fernen und die Nüsse unterrühren. Schmalz in ein Gefäß geben und fest werden lassen.

eißwurst

Zutaten für 4 Personen

350 g Kalb- oder Rindfleisch
200 g mageres
   Schweinefleisch
150 g Schweinebacke
100 g fetter Speck
300 g sehr kalte Milch
1 El Salz
Pfeffer
1 Msp. Muskatnuss
1 Prise geriebene
   Zitronenschale
1/2 Tl gekörnte Brühe
1 Zwiebel
kleine Därme
Fett zum Braten

Zubereitungszeit

25 Minuten
(plus Gar- und Bratzeit)

Pro Portion

ca. 280 kcal/1176 kJ
34 g E · 14 g F · 5 g KH

1 Alles Fleisch, die Schweinebacke und den Speck grob würfeln und in einen Mixer geben. Die Milch mit dem Salz, 1/2 El Pfeffer und den restlichen Gewürzen dazugeben. Die Zwiebel schälen und grob zerkleinert ebenfalls dazugeben.

2 Alle Zutaten im Mixer fein pürieren. Die Masse durch den Wursttrichter des Fleischwolfs in die Därme füllen und nach jeweils etwa 10 cm nicht zu fest abbinden.

3 Die kleinen Würste anschließend in leicht gesalzenem Wasser einmal aufkochen, und anschließend etwa 20–25 Minuten lang gar ziehen lassen. Herausnehmen und abkühlen lassen. Die Würste vor dem Servieren in wenig Fett schön braun braten.

Plinsen

Zutaten für 4 Personen

6 Eier

400 ml Milch

75–100 g Mehl

Salz

4 El Butter

Fett zum Backen

Marmelade zum Bestreichen

Zucker zum Bestreuen

2 El Schnittlauchröllchen

Zubereitungszeit

10 Minuten (plus Backzeit)

Pro Portion

ca. 305 kcal/1281 kJ

17 g E · 18 g F · 19 g KH

1 Die Eier trennen und das Eigelb mit der Milch verquirlen. Nach und nach mit dem Mehl glatt verrühren und salzen. Das Eiweiß steif schlagen und unter die Eigelbmasse heben. 1 El zerlassene Butter ebenfalls unterheben.

2 Aus der Masse nacheinander in etwas heißem Fett kleine dünne Pfannkuchen backen. Die Pfannkuchen wahlweise süß oder pikant zubereiten. Für die süße Variante die Pfannkuche mit Marmelade bestreichen, aufrollen und mit Zucker bestreut anrichten.

3 Alternativ 1 El Butter erhitzen und den Schnittlauch darin dünsten. Die Plinsen damit bestreuen und mit restlicher gebräunter Butter beträufeln.

Plinsen kann man mit Zucker, Apfelmus, Marmelade, Konfitüre oder Nuss-Nougat-Creme essen oder aber herzhaft mit Käse, Schinken oder Gemüse gefüllt. Eine besonders leckere Variante ist, Apfelscheiben in den Teig zu drücken und mitbacken zu lassen. Wenn die Plinsen süß gegessen werden, können Sie mit Zucker und Zimt bestreut serviert werden.

Zoblitzer Heringssalat

Zutaten für 4 Personen

2 küchenfertige Salzheringe

1 kg gegarte Pellkartoffeln

2 kleine saure Äpfel

4 Gewürzgurken

ca. 125 ml Gemüsebrühe

4 El Weinessig

Salz, Pfeffer

Zucker

125 g durchwachsenen Speck

1 Zwiebel

Zubereitungszeit

25 Minuten

(plus Zeit zum Wässern
und zum Ziehen)

Pro Portion

ca. 355 kcal/1491 kJ

25 g E · 7 g F · 46 g KH

1 Die Heringe über Nacht in kaltem Wasser wässern, Kartoffeln pellen und in Scheiben schneiden.

2 Heringe abtropfen lassen, die Heringsköpfe entfernen, anschließend häuten und die Mittelgräte entfernen. Die Filets waschen und trocknen.

3 Äpfel schälen und entkernen. Heringsfilets, Äpfel und Gurken in feine Streifen schneiden und zu den Kartoffeln geben.

4 Die heiße Gemüsebrühe über die Kartoffeln gießen und alles kalt werden lassen. Den Weinessig mit Salz, Pfeffer und Zucker zu einem pikanten Dressing verrühren und über den Salat gießen. Salat vorsichtig mischen und 60 Minuten im Kühlschrank zugedeckt durchziehen lassen.

5 Vor dem Servieren den Speck klein würfeln, die Zwiebel schälen und fein hacken. Den Speck in einer Pfanne ausbraten und die Zwiebel darin braun braten. Alles heiß über dem Salat verteilen und servieren.

Klöße

Hefeklöße

Zutaten für 4 Personen

- 1/2 Würfel Hefe
- 125 ml Milch
- 200 g Mehl
- 1 El Zucker
- 1 Tl Vanillezucker
- 40 g Butter
- 1 Ei
- Salz
- gebräunte Butter
- Pflaumenmus

Zubereitungszeit

25 Minuten
(plus Zeit zum Gehen
und Garzeit)

Pro Portion

ca. 298 kcal/1250 kJ

8 g E · 12 g F · 40 g KH

1 Die Hefe in der lauwarmen Milch auflösen. Das Mehl mit Zucker, Vanillezucker, zerlassener Butter, Ei und 1 Prise Salz in eine Schüssel geben. Die Hefemilch dazugeben und alles zu einem Hefeteig verarbeiten. Den Teig an einem warmen Platz 30 Minuten zugedeckt gehen lassen.

2 Anschließend einmal durchkneten und aus dem Teig 12 Klöße formen. Klöße auf ein bemehltes Brett legen, zudecken und noch einmal 20 Minuten gehen lassen.

3 Inzwischen in einem weiten Topf reichlich Wasser zum Kochen bringen. Ein Tuch über die Topföffnung spannen und an den Topfgriffen festbinden. Die Hefeklöße auf das Tuch legen und mit einer Schüssel zudecken. Die Klöße 10–15 Minuten im Dampf garen. Das Wasser darf nicht zu stark kochen.

4 Klöße sofort nach dem Garen vom Tuch nehmen und oben mit einer Gabel leicht aufreißen. Dadurch kann der Dampf aus den Klößen entweichen und der Teig bleibt locker.

5 Die Hefeklöße wahlweise mit brauner Butter begießen oder mit Pflaumenmus servieren.

Die schlesische Küche ist etwas für genussfreudige, kräftige Esser. Die direkten Nachbarn Thüringen, Böhmen und Polen, aber auch Preußen und Österreich mit seinen Mehlspeisen haben in Schlesien ihre Spuren hinterlassen. Vor allem Klöße gibt es in geradezu unzähligen Varianten und rund müssen sie durchaus nicht immer sein!

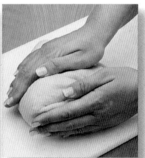

Äpfelklöße

Zutaten für 4 Personen

60 g Butter

300–350 g Mehl

1 Ei

1 Msp. Backpulver

Salz

125 ml Milch

5 große Äpfel

100 g Speckwürfel

Zucker

Zimt

Zubereitungszeit

20 Minuten (plus Garzeit)

Pro Portion

ca. 525 kcal/2205 kJ

15 g E · 19 g F · 74 g KH

1 20 g zerlassene Butter mit Mehl, Ei, Backpulver und 1 Prise Salz verrühren. Anschließend die Milch unterrühren.

2 Die Äpfel schälen, entkernen und das Fruchtfleisch würfeln. Mit Speckwürfeln unter den Teig heben. Mit einem Esslöffel daraus Klöße abstechen und in kochendes Wasser legen. Die Klöße etwa 15 Minuten gar ziehen lassen. Sie sind gar, wenn sie oben schwimmen. Das Wasser darf nicht mehr kochen.

3 Herausnehmen und abtropfen lassen. Restliche Butter in einem Topf bräunen lassen und die Klöße damit begießen. Klöße anschließend mit Zucker und wenig Zimt bestreuen und servieren.

Gummikließla

Brötchen würfeln, in Butter rösten und beiseitestellen. Kartoffeln schälen, waschen und in eine mit kaltem Essigwasser gefüllte Schüssel reiben. Anschließend in einem Küchentuch ausdrücken. Mit der sich abgesetzten Kartoffelstärke vermischen.

Die Milch kochen und sofort über die Kartoffelmasse gießen. Alles salzen und vermengen. Mit nassen Händen aus dem Teig Klöße formen und in die Mitte einige Brotwürfel drücken.

Die Klöße in Mehl wenden, anschließend in kochendem Wasser etwa 20 Minuten garen lassen. Bleibt der Kloß nicht fest, etwas Weizengrieß unter die Teigmasse kneten. Die Klöße sind gar, wenn sie oben schwimmen.

Zutaten für 4 Personen

1–2 altbackene Brötchen

Butter zum Braten

1 kg rohe Kartoffeln

1 El Essig

500 ml Milch

Salz

Mehl zum Wenden

Zubereitungszeit

30 Minuten (plus Garzeit)

Pro Portion

ca. 305 kcal/1281 kJ

10 g E · 7 g F · 49 g KH

Polnische Klöße

Zutaten für 4 Personen

1 kg rohe Kartoffeln
1 El Essig
500 ml Milch
Salz
1 Ei
1 El Kartoffelmehl
1–2 altbackene Brötchen
50 g Butter zum Braten

Zubereitungszeit

30 Minuten (plus Garzeit)

Pro Portion

ca. 343 kcal/1439 kJ
13 g E · 7 g F · 56 g KH

1 Die Kartoffeln schälen, waschen und die Hälfte der Kartoffeln in Salzwasser etwa 20 Minuten garen. Anschließend abgießen und durch die Presse drücken. Die andere Hälfte der Kartoffeln in Essigwasser reiben.

2 Die geriebenen Kartoffeln in einem Küchentuch fest ausdrücken. Die ausgepresste Kartoffelmasse mit der sich in der Reibflüssigkeit abgesetzten Kartoffelstärke vermischen.

3 Die beiden Kartoffelmassen mit Salz, Ei und Kartoffelmehl gut verkneten. Anschließend mit nassen Händen daraus Klöße formen. Klöße in sprudelnd kochendem Salzwasser etwa 15 Minuten garen lassen. Die Klöße sind gar, wenn sie oben schwimmen. Die Brötchen reiben und in Butter goldbraun rösten. Die Klöße herausnehmen und mit den goldbraunen Bröseln servieren. Passt zu Rindfleisch mit Meerrettichsauce.

Kartoffelkließla mit Pflaumenmussauce

Zutaten für 4 Personen

150 g gewürfelter Speck

1 kg Pellkartoffeln

350–500 g Mehl

ca. 100 g Kartoffelmehl

Salz

1/2 Tl Muskat

2 Eier

175 g Pflaumenmus

1 Stück unbehandelte Zitronenschale

1 Stück Zimt

Zucker

Mehl zum Wenden

Zubereitungszeit

35 Minuten

(plus Ruhe- und Garzeit)

Pro Portion

ca. 725 kcal/3045 kJ

18 g E · 5 g F · 148 g KH

1 Speckwürfel auslassen. Kartoffeln in der Schale kochen, pellen und noch heiß stampfen. Mit Mehl, Kartoffelmehl, 1 Tl Salz, Muskat, Eiern und Speck vermischen und schnell zu einem Teig kneten. Der Teig darf nicht an den Händen kleben.

2 Aus dem Teig eine 5 cm dicke Rolle formen, in Scheiben schneiden und daraus Klöße formen. Klöße in Mehl wenden und 1 Stunde ruhen lassen.

3 Wasser zum Kochen bringen, salzen und die Klöße darin etwa 15 Minuten gar ziehen lassen, bis die Klöße oben schwimmen. Das Wasser darf nicht kochen. Herausnehmen und abtropfen lassen.

4 Das Pflaumenmus mit 500 ml Wasser glatt verrühren. Mit Zitronenschale und Zimtstange aufkochen, unter Rühren etwa 5 Minuten kochen lassen. Die Zitronenschale und Zimtstange entfernen und die Sauce mit Zucker abschmecken.

Semmelklöße mit Pfefferkuchentunke

Zutaten für 4 Personen

je 100 g Sellerie,
    Möhren und Petersilien-
    wurzeln (gewürfelt)
5 Nelken
3 gehackte Zwiebeln
500 g geräucherter,
    gewürfelter Schweinebauch
1 l Malzbier
1–2 Pfeffer- oder Honigkuchen
100 g Rosinen
1 Stange Zimt
1 El Zitronat
100 g Mandelblättchen
Essig
Zucker
3 altbackene Brötchen
2–4 El Mehl
Salz
50 g Paniermehl
75 g Butter
3 Eier

Zubereitungszeit

35 Minuten (plus Garzeit)

Pro Portion

ca. 775 kcal/3255 kJ
37 g E · 45 g F · 55 g KH

1 Gemüse mit 1 1/2 l Wasser, Nelken, Zwiebeln und Schweinebauch etwa 30 Minuten köcheln lassen, bis das Fleisch schön weich ist. In einen zweiten Topf das Malzbier gießen, Pfeffer- oder Honigkuchen hineinbröseln. Rosinen, Zimt, Zitronat und Mandeln hinzufügen und alles schön sämig köcheln lassen. Den Inhalt der beiden Töpfe vermischen und mit Essig und Zucker abschmecken. Einmal aufkochen lassen.

2 Für die Klöße die Brötchen in Wasser einweichen, ausdrücken und zerzupfen. Mit Mehl, Salz und Paniermehl verkneten. In zerlassener Butter bei geringer Hitze rühren, bis sich ein Kloß vom Topfboden löst.

3 Unter die heiße Masse sofort 1 Ei rühren, anschließend etwas abkühlen lassen und die restlichen Eier nach und nach unterrühren. Den Teig etwa 20 Minuten ausquellen lassen.

4 Mit 2 in heißes Wasser getauchten Esslöffeln Klöße abstechen. Im Salzwasser etwa 10–15 Minuten gar ziehen lassen. Die Klöße herausnehmen, abtropfen lassen und mit der Sauce servieren. Dazu passen schlesischen Weißwürste.

Kartoffelklößchen

Zutaten für 4 Personen

1 kg Kartoffeln
100 g Weizenmehl
4 El Kartoffelmehl
Salz
Muskatnuss
2 Eier
Mehl zum Formen
Butter zum Braten
Speckstreifen

Zubereitungszeit

20 Minuten (plus Garzeit)

Pro Portion

ca. 325 kcal/1365 kJ
12 g E · 4 g F · 59 g KH

Kartoffelklöße sind in Schlesien als Beilage sehr beliebt und können zu allen Fleischsorten gereicht werden. Die Vertiefung auf der Oberfläche dient dazu, die Bratensoße auf dem Kloß zu halten, die sich sonst auf dem Tellerboden sammelt.

1 Kartoffeln sauber bürsten, waschen und in Wasser etwa 20 Minuten garen. Anschließend etwas abkühlen lassen, pellen und noch heiß stampfen.

2 Das Mehl mit Kartoffelmehl, 1 Tl Salz, 1 Prise frisch geriebener Muskatnuss und den Eiern zu der Katoffelmasse geben und gründlich verkneten. Aus der Masse mit bemehlten Händen walnussgroße Klößchen formen und auf eine bemehlte Arbeitsfläche legen. Die Klöße leicht flach drücken und mit dem Finger eine kleine Mulde eindrücken.

3 In einem großen Topf reichlich Wasser zum Kochen bringen. Salzen und die Klößchen darin 3–5 Minuten garen lassen. Wenn die Klößchen oben schwimmen, sind sie gar. Herausnehmen und abtropfen lassen. Die Klößchen mit in Butter gebratenen Speckstreifen servieren.

Mehlklöße mit Krensauce

Zutaten für 4 Personen

500 ml Milch
2 Eier
290 g Mehl
Salz
1–2 Msp. Backpulver
4–5 El geröstete Brotwürfel
1–2 El geschmolzener
Rindertalg
150 g Meerrettichwurzel
Zitronensaft
40 g Butter
250 ml Brühe
Zucker

Zubereitungszeit

35 Minuten (plus Garzeit)

Pro Portion

ca. 433 kcal/1817 kJ
15 g E · 17 g F · 55 g KH

1 250 ml Milch mit Eiern verquirlen. 250 g Mehl, 1 Tl Salz und Backpulver darunterschlagen, bis der Teig Blasen wirft. Brotwürfel und Rindertalg unterheben.

2 Mit einem Esslöffel Klöße abstechen und etwa 15 Minuten im köchelnden Salzwasser garen. Herausnehmen und abtropfen lassen.

3 Meerrettich putzen, waschen und schälen. Anschließend fein reiben und sofort mit etwas Zitronensaft begießen, damit er nicht braun wird. Butter zerlassen und das restliche Mehl darin goldgelb anschwitzen. Brühe und restliche Milch unter Rühren angießen, Sauce 10 Minuten kochen lassen. Meerrettich unterrühren, Sauce aber nicht mehr kochen lassen. Mit Salz und Zucker würzen und mit den Klößen servieren.

Schlesischer Mehlkloß

Zutaten für 4 Personen

250 ml Milch
50 g Butter
Salz
1 kräftige Prise Zucker
175 g Mehl
4 Eier
Butter zum Bestreichen
Obstkompott

Zubereitungszeit

10 Minuten (plus Garzeit)

Pro Portion

ca. 590 kcal/2478 kJ
23 g E · 24 g F · 71 g KH

1 Die Milch mit Butter, 1 Tl Salz und Zucker in einem Topf aufkochen. Das ganze Mehl hineinrühren bis sich der Teig als Kloß vom Topfboden löst. Abkühlen lassen.

2 Die Eier trennen, nach und nach das Eigelb unter den Teig rühren. Das Eiweiß zu steifem Eischnee schlagen und unter die Teigmasse heben.

3 Salzwasser in einem Topf zum Kochen bringen. Eine in kochendes Wasser getauchte Stoffserviette auswringen, in einer Schüssel ausbreiten und in der Mitte dick mit Butter bestreichen. Den Kloßteig darauf legen und die Serviette locker darüber zusammenbinden, sodass noch Platz zum Aufgehen ist.

4 Den Kloß in reichlich kochendes Salzwasser hängen und 1 Stunde köcheln lassen. Herausnehmen und abtropfen lassen. Kloß vorsichtig aus der Serviette lösen, in Scheiben schneiden und mit Obstkompott servieren.

Beilagen

Schlesische Kartoffeln

Zutaten für 4 Personen

1 kg Kartoffeln

Salz, Pfeffer

175 g magerer Bauchspeck

1 Zwiebel

1 El Butter

Zubereitungszeit

15 Minuten (plus Garzeit)

Pro Portion

ca. 265 kcal/1113 kJ

13 g E · 6 g F · 39 g KH

1 Die Kartoffeln schälen, waschen und in Salzwasser etwa 20 Minuten kochen lassen. Anschließend abgießen, grob zerdrücken und warm stellen.

2 Den Bauchspeck in feine Streifen schneiden. Die Zwiebel schälen und fein würfeln. Die Butter in einer Pfanne erhitzen und den Bauchspeck darin auslassen. Die Zwiebel darin glasig dünsten.

3 Mit Salz und Pfeffer würzen, heiß über die zerdrückten Kartoffeln geben und servieren.

Oppelner Kartoffelpuffer

Zutaten für 4 Personen
1 kg Kartoffeln
2 Eier
2 El Mehl
Salz
1 Zwiebel
Butterschmalz zum Braten

Zubereitungszeit
20 Minuten (plus Bratzeit)

Pro Portion
ca. 260 kcal/1092 kJ
9 g E · 6 g F · 40 g KH

1 Die Kartoffeln schälen, waschen und reiben. Die Eier mit dem Mehl dazugeben und salzen.

2 Die Zwiebel schälen und klein gewürfelt ebenfalls dazugeben. Alles miteinander gründlich vermischen.

3 Etwas Butterschmalz in einer 2. Pfanne erhitzen und die Kartoffelmasse darin nacheinander zu 2 großen Puffern goldgelb braten lassen. Mit einem knackig frischen Salat und Schwärtelbraten (Rezept S. 88) servieren.

Wampekitt

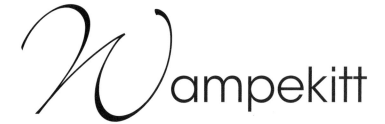

Zutaten für 4 Personen

1 kg Kartoffeln
Salz, Pfeffer
Muskatnuss
ca. 500 ml Milch
150 g durchwachsener
geräucherter Bauchspeck
300–400 ml Buttermilch

Zubereitungszeit

15 Minuten (plus Garzeit)

Pro Portion

ca. 345 kcal/1449 kJ
18 g E · 8 g F · 47 g KH

1 Die Kartoffeln schälen, waschen und in Salzwasser etwa 20 Minuten garen. Abgießen und durch die Presse drücken.

2 Kartoffelmasse salzen, pfeffern und mit frisch geriebenem Muskat würzen. Die Milch aufkochen, zur Kartoffelmasse geben und damit verrühren.

3 Bauchspeck in feine Streifen schneiden und in einer Pfanne auslassen. Speck unter die Kartoffelmasse heben. Auf tiefe Teller verteilen, etwas Buttermilch darübergießen und sofort servieren.

Kartoffelplätzchen

Zutaten für 4 Personen
1 kg Kartoffeln
200 g Mehl
3 Eier
ca. 125 ml Milch
1 El Salz
Butterschmalz zum Braten

Zubereitungszeit
20 Minuten (plus Bratzeit)

Pro Portion
ca. 447 kcal/1879 kJ
17 g E · 8 g F · 74 g KH

1 Die Kartoffeln schälen, waschen und reiben. Das Mehl mit den Eiern, der Milch und dem Salz glatt verrühren.

2 Die geriebenen Kartoffeln dazugeben und unterheben.

3 Etwas Butterschmalz in einer Pfanne erhitzen. Aus der Kartoffelmasse nacheinander kleine Pfannkuchen backen. Herausnehmen und abtropfen lassen. Mit Bierfleisch (Rezept S. 90) und Feldsalat servieren.

Rotkohl

Zutaten für 4 Personen

1 kg Rotkohl
1 El Butter
2 Gewürznelken
100 g geräucherter Speck
1 großer Apfel
1 kleine Zwiebel
etwas Essig
Salz, Pfeffer

Zubereitungszeit

15 Minuten (plus Garzeit)

Pro Portion

ca. 135 kcal/570 kJ
9 g E · 5 g F · 14 g KH

1 Den Rotkohl putzen, den Strunk herausschneiden und den Kohlkopf mit einem Gemüsehobel in sehr dünne Streifen hobeln.

2 Die Butter in einem Topf zerlassen und den Rotkohl mit den Nelken darin andünsten. Etwas Wasser angießen und den Kohl 20 Minuten bissfest dünsten lassen.

3 Inzwischen den Speck fein würfeln. Den Apfel schälen, das Kerngehäuse entfernen und das Fruchtfleisch in kleine Stücke schneiden. Die Zwiebel schälen und fein hacken.

4 Den Speck in einer Pfanne auslassen, den Apfel und die Zwiebel dazugeben und etwa 5 Minuten darin anschwitzen. Alles zum Rotkohl geben und gut vermischen.

5 Den Rotkohl mit etwas Essig abschmecken, salzen, pfeffern und zugedeckt etwa 30 Minuten weiterschmoren, bis der Rotkohl weich ist. Zwischendurch umrühren, damit der Rotkohl nicht anbrennt.

Kohl wird in vielfältigen Variationen als Vitaminlieferant in der dunklen Jahreszeit sehr geschätzt: als Beilage zu Fleischgerichten, als Krautsalat oder als warmes Sauerkraut. Eine besonders festliche Variante ist Rotkohl mit Äpfeln. Dieser Rotkohl kann als eigener Gang oder als Beilage zu z. B. Gans oder Ente gereicht werden.

Rhabarberkompott

Zutaten für 4 Personen

1 kg Rhabarber
250–300 g Zucker
2–3 P. Vanillezucker
1 P. Zitronen-Götterspeise

Zubereitungszeit

15 Minuten (plus Garzeit)

Pro Portion

ca. 290 kcal/1218 kJ
2 g E · 0 g F · 67 g KH

1 Den Rhabarber putzen, waschen und die Haut abziehen, anschließend in kleine Stücke schneiden. Rhabarber mit 150 ml Wasser, Zucker und Vanillezucker in einem Topf zum Kochen bringen.

2 Bei geringer Hitze etwa 8–10 Minuten köcheln lassen, bis der Rhabarber weich ist. Die Zitronen-Götterspeise mit 100 ml kaltem Wasser glatt verrühren.

3 Unter Rühren zu dem Rhabarber gießen und einmal aufkochen lassen. Topf vom Herd nehmen und Rhabarber kalt stellen. Rhabarberkompott zu Fleisch oder Fisch servieren.

Weiße Bohnen

Zutaten für 4 Personen

500 g weiße Bohnenkerne
250 g durchwachsener Speck
Salz, Pfeffer
Thymian
ca. 200 ml Fleischbrühe
250 g Birnen

Zubereitungszeit
15 Minuten
(plus Einweich- und Garzeit)

Pro Portion
ca. 458 kcal/1922 kJ
38 g E · 7 g F · 59 g KH

1 Die Bohnen 2 Stunden in kaltem Wasser einweichen, anschließend abgießen und in frischem, ungesalzenem Wasser aufkochen. Den Topf vom Herd nehmen und die Bohnen etwa 1 Stunde ziehen lassen.

2 Den Speck würfeln und in einer Pfanne ausbraten. Die abgetropften Bohnen dazufügen und mit Salz, Pfeffer und Thymian nach Geschmack würzen.

3 Die Fleischbrühe angießen und alles 1 1/2 Stunden garen lassen. Die Birnen waschen, in Spalten schneiden, etwa 40 Minuten vor Ende der Garzeit auf die Bohnen legen und bei geringer Hitze gar ziehen lassen.

Fleisch-
gerichte

Oppelner Wirsinghühnchen

Zutaten für 4 Personen

1,2 kg Wirsing
Salz, Pfeffer
gemahlener Kümmel
2 küchenfertige Hähnchen
à ca. 900 g
75 g gewürfelter fetter Speck
100 g gewürfelter roher
Schinken
100 g Butter

Zubereitungszeit

20 Minuten (plus Schmorzeit)

Pro Portion

ca. 590 kcal/2478 kJ
59 g E · 36 g F · 7 g KH

1 Wirsing putzen, waschen und die Blätter ablösen. Blätter in kochendem Salzwasser mit etwas Kümmel etwa 5 Minuten kochen. Herausnehmen, abtropfen lassen und die dicken Rippen entfernen.

2 Die Hähnchen innen und außen salzen und pfeffern. Speck auslassen und Schinken darin anbraten. Herausnehmen und die Butter in das Bratfett geben. Die Hähnchen darin rundherum anbraten, anschließend herausnehmen. Den Bratentopf bis an den oberen Rand mit Wirsingblättern auslegen und die Speckmischung dazwischen streuen.

3 Hähnchen hineinlegen und mit restlichem Wirsing bedecken. Etwa 300 ml kochendes Wasser angießen und die Hähnchen zugedeckt etwa 40 Minuten schmoren. Hähnchen der Länge nach halbieren und mit Klößen servieren.

Görlitzer Kalbspfanne

Zutaten für 4 Personen

500 g Kalbsrückenfleisch
500 g Wiesenchampignons
150 g Pfifferlinge
50 g Butterschmalz
2 Zwiebeln
Salz, Pfeffer
300 ml Kalbsbrühe
140 g saure Sahne
2 El gehackte Petersilie

Zubereitungszeit

25 Minuten (plus Garzeit)

Pro Portion

ca. 345 kcal/1449 kJ
30 g E · 23 g F · 5 g KH

1 Das Kalbfleisch in feine Streifen schneiden. Die Pilze putzen, gründlich säubern und je nach Größe halbieren oder vierteln.

2 Das Fleisch im Butterschmalz goldbraun anbraten, herausnehmen. Die Zwiebeln schälen, würfeln und in dem Bratfett glasig dünsten lassen. Pilze dazugeben und 5 Minuten mitdünsten lassen. Fleisch wieder dazugeben und mit Salz und Pfeffer würzen.

3 Die Brühe und die saure Sahne unterrühren und alles sämig einköcheln lassen. Die Petersilie waschen, trocken schütteln und klein hacken. Kalbspfanne mit Petersilie bestreut zu grünen Klößen servieren.

Weißbraten

Zutaten für 4 Personen

1,2 kg Schweinenackenbraten

Salz, Pfeffer

Fett für die Form

4 Zwiebeln

500 ml leichte Gemüse-
   oder Fleischbrühe

1–2 El Mehl

200 g saure Sahne

Zubereitungszeit

25 Minuten (plus Garzeit)

Pro Portion

ca. 453 kcal/1900 kJ

61 g E · 18 g F · 10 g KH

1 Den Backofen auf 200 °C vorheizen. Das Fleisch mit Salz und Pfeffer rundherum einreiben und in einen gefetteten Bräter legen. Die Zwiebeln schälen, in Scheiben schneiden und den Braten damit belegen. Im vorgeheizten Backofen ca. 1 1/2 Stunden braten lassen. Zwischendurch immer wieder mit der Brühe begießen.

2 Den garen Braten herausnehmen und ruhen lassen. Mehl mit etwas Wasser glatt verrühren und den Bratenfond damit leicht binden.

3 Anschließend die Sauce pürieren und die Sahne unterrühren. Mit Salz und Pfeffer abschmecken. Den Braten in Scheiben schneiden und mit Sauerkraut und Gummikliessla servieren.

Schlesisches Himmelreich

Zutaten für 4 Personen

500 g gemischtes Backobst
500 g magerer geräucherter
Bauchspeck
500 g Schweinefleisch
Salz
3 Pfefferkörner
1 Stange Zimt
1 Nelke
Saft und abgeriebene Schale
von 1/2 unbehandelten
Zitrone
12 ungegarte Kartoffel-
oder Semmelklöße
30 g Mehl
40 g Butter
ca. 2 El Zucker

Zubereitungszeit
20 Minuten
(plus Zeit zum Einweichen
und Garen)

Pro Portion
ca. 1628 kcal/6835 kJ
36 g E · 126 g F · 87 g KH

1 Backobst über Nacht in 1 l Wasser einweichen. Speck und Fleisch in 1 l kochendem Salzwasser 30 Minuten garen. Backobst mit dem Sud, Pfeffer, Zimtstange, Nelke und Zitronenschale hinzufügen. Alles etwa 30 Minuten köcheln lassen.

2 Die ungegarten Klöße hineinlegen und einmal aufkochen lassen, anschließend 10–15 Minuten darin gar ziehen lassen. Die Brühe abgießen und auffangen, Fleisch, Klöße und Obst warm halten.

3 Mehl in Butter anschwitzen. Brühe angießen und 10 Minuten köcheln lassen. Mit Salz, Zucker und Zitronensaft abschmecken. Fleisch in mundgerechte Würfel schneiden, mit Klößen und Obst unter die Sauce heben und servieren.

„Wer das Himmelreich nicht kennt, der hat umsonst gelebt", sagen die Schlesier. So ist das Himmelreich das National- gericht der Schlesier, wenngleich viele es eigentlich nur wegen der Klöße lieben. Als Fleischeinlage eignen sich verschiedene Schweinefleischsorten, wie Pökelfleisch, Schweinenacken oder magerer geräucherter Speck.

Schläsche Guttschmecke

Zutaten für 6 Personen

2 kleine Brötchen

ca. 100 ml heiße Milch

150 g Butter

300 g Gehacktes vom Schwein

300 g Gehacktes vom Kalb

20 g getrocknete
  eingeweichte Pilze

1 kleine Pute mit Innereien

Salz, Pfeffer

2 Eier

175 g Speckscheiben

1–2 El Mehl

150 g saure Sahne

Zubereitungszeit

30 Minuten (plus Garzeit)

Pro Portion

ca. 413 kcal/1735 kJ

35 g E · 26 g F · 10 g KH

1 Die Brötchen in Milch einweichen. 50 g Butter zerlassen und die Brötchen mit der Milch unterrühren. Das Hack mit den eingeweichten Pilzen dazugeben.

2 Die Innereien klein hacken und ebenfalls dazugeben. Salzen und pfeffern, die Eier dazugeben und alles gründlich verkneten. Pute innen und außen mit Salz einreiben, mit der Fleischmasse füllen und die Öffnung zunähen.

3 Brust und Keulen mit den Speckscheiben belegen und festbinden. Pute in einen Bräter legen, mit 1 1/2 l kochendem Wasser übergießen und etwa 1 Stunde köcheln lassen, zwischendurch mit dem Sud begießen.

4 Den Backofen auf 200 °C vorheizen. Die Flüssigkeit abgießen und beiseitestellen. Die Pute mit 100 g gebräunter Butter übergießen und im vorgeheizten Backofen 2–3 Stunden braten lassen. Zwischendurch immer wieder mit der Kochbrühe begießen.

5 Herausnehmen und den Bratenfond mit etwas Mehl binden, saure Sahne unterrühren.

Gefüllte Gans

Zutaten für 6 Personen

1 küchenfertige Gans
Salz
750 g gewürfelte Äpfel
   oder Quitten
1 Msp. getr. Beifuß
1 El Kartoffelmehl

Zubereitungszeit

30 Minuten (plus Bratzeit)

Pro Portion

ca. 407 kcal/1708 kJ
16 g E · 32 g F · 15 g KH

1 Backofen auf 200 °C vorheizen. Gans innen und außen salzen. Obst mit Beifuß mischen und in die Gans füllen, Öffnung zustecken.

2 Gans mit der Brust nach unten in den Bräter oder auf eine Fettpfanne legen. Die Haut mit einer Nadel mehrfach einstechen, 250 ml kochendes Wasser angießen. Im vorgeheizten Backofen bei 180 °C etwa 1 1/2 Stunden braten.

3 Gans immer wieder mit Bratenfond begießen. 15 Minuten vor Ende der Garzeit Gans mit kaltem Salzwasser oder Bier beträufeln. Herausnehmen und warm halten. Fond entfetten, mit Wasser loskochen und mit in Wasser verrührtem Kartoffelmehl binden. Gans mit Sauerkraut und Klößen servieren.

Sauerbraten

Zutaten für 4 Personen

1 kg Rindfleisch
2 Zwiebeln
1 Bund Suppengemüse
8 El Essig
10 Pfefferkörner
2 Lorbeerblätter
Salz, Pfeffer
1 El Mehl
40 g Butter

Zubereitungszeit

20 Minuten
(plus Marinier- und
Schmorzeit)

Pro Portion

ca. 495 kcal/2079 kJ
50 g E · 30 g F · 6 g KH

1 Fleisch in einen Gefrierbeutel geben. Zwiebeln schälen und in Scheiben schneiden. Suppengemüse putzen, waschen und klein schneiden. Zwiebeln und Gemüse mit 1 l Wasser und den restlichen Gewürzen 10 Minuten kochen, anschließend abkühlen lassen. Sud zum Fleisch geben und 4 Tage im Kühlschrank beizen lassen.

2 Fleisch herausnehmen, mit Salz und Pfeffer einreiben und in Mehl wenden. In heißer Butter rundherum anbraten. So viel Beize dazugießen, dass das Fleisch zur Hälfte bedeckt ist.

3 Zugedeckt etwa 2 Stunden schmoren, zwischendurch wenden. Bratenfond pürieren, eventuell mit Mehl binden. Die Sauce über den in Scheiben geschnittenen Sauerbraten geben und servieren.

Königsberger Klopse

Zutaten für 4 Personen

1 eingeweichtes Brötchen
500 g Hackfleisch vom Schwein
500 g Hackfleisch vom Kalb
2 Eier
4 gehackte Zwiebeln
abgeriebene Schale von
  1 unbehandelten Zitrone
1/2 Bund gehackte Petersilie
Salz, Pfeffer
2 El Essig
40 g Butter
40 g Mehl
4–5 El Kapern
2–3 El Zucker

Zubereitungszeit

30 Minuten (plus Garzeit)

Pro Portion

ca. 728 kcal/3056 kJ
54 g E · 46 g F · 23 g KH

1 Brötchen etwas ausdrücken und mit Hackfleisch und Eiern vermischen. 2 Zwiebeln, Zitronenschale und Petersilie dazugeben, salzen, pfeffern und gründlich vermengen.

2 Salzwasser aufkochen, 1 gehackte Zwiebel und Essig dazugeben. Aus der Hackmasse mit nassen Händen kleine Klöße formen. Im nicht mehr kochenden Wasser 15 Minuten gar ziehen lassen.

3 Die restliche Zwiebel in der Butter glasig dünsten, Mehl darin schwitzen lassen. 500 ml Kochsud angießen und etwa 15 Minuten köcheln lassen. Abgetropfte Kapern unterheben. Sauce mit Salz, Pfeffer und Zucker abschmecken. Klöße unterheben und mit Reis und grünen Bohnen servieren.

Glatzer Worschtfellsel

1 Den Schweinebauch in kochendem Salzwasser 1 Stunde garen lassen. Anschließend in große Würfel schneiden. Die Brötchen würfeln und in dem heißen Sud einweichen.

2 Die Leber ebenfalls grob würfeln. Die Zwiebeln schälen und in Scheiben schneiden. Das Schmalz erhitzen und die Zwiebeln darin glasig dünsten.

3 Alles durch den Fleischwolf drehen und mit den Gewürzen kräftig abschmecken. Die Masse in einem Bräter unter häufigem Umrühren gut durchbraten. Dazu passt Sauerkraut.

Zutaten für 4 Personen

750 g Schweinebauch
Salz, Pfeffer
5 Brötchen
300 g Schweineleber
6–7 Zwiebeln
etwas Schmalz
Majoran
Thymian

Zubereitungszeit

30 Minuten (plus Garzeit)

Pro Portion

ca. 743 kcal/3118 kJ
53 g E · 44 g F · 34 g KH

Schwärtelbraten

Zutaten für 4 Personen

1,2 kg Schweinekeule
   mit Schwarte
Salz, Pfeffer
Kümmel
2 Zwiebeln
1 El Kartoffelstärke
200 g saure Sahne

Zubereitungszeit

20 Minuten (plus Bratzeit)

Pro Portion

ca. 560 kcal/2352 kJ
64 g E · 32 g F · 5 g KH

1 Den Backofen auf 200 °C vorheizen. Das Fleisch mit Salz, Pfeffer und etwas grob zerstoßenem Kümmel kräftig einreiben.

2 250 ml Wasser in einem Bräter aufkochen und den Braten mit der Schwarte nach oben hineinlegen.

3 Zugedeckt im vorgeheizten Backofen bei 200 °C etwa 45 Minuten schmoren lassen. Herausnehmen, die Schwarte und die darunter liegende Fettschicht kreuzweise einschneiden. Mit der Schwarte nach oben wieder zurück in den Topf legen. Die Zwiebeln schälen, klein würfeln und dazugeben.

4 Das Fleisch 60 Minuten offen weiterbraten lassen. Zwischendurch immer wieder mit kochendem Wasser begießen. 15 Minuten vor Ende der Garzeit nicht mehr begießen. Fleisch herausnehmen und warm stellen.

5 Bratenfond mit Wasser loskochen, mit angerührter Kartoffelstärke binden und die saure Sahne unterrühren. Die Sauce abschmecken.

Die Schwarte des Schwärtelbratens kann auch vom Fleisch abgenommen und in Streifen oder Würfel geschnitten extra gereicht werden. Das Fleisch wird in Scheiben geschnitten und mit der Sauce serviert. Zum Schwärtelbraten werden Semmelklöße oder ein großer Mehlkloß und Sauerkraut gereicht.

Hirschberger Bierfleisch

Zutaten für 4 Personen

- 1,2 kg Wildschweinfleisch von der Keule
- 4 Zwiebeln
- 3 Knoblauchzehen
- 75 g Schmalz
- 3 Scheiben altbackenes Roggenbrot
- Salz, Pfeffer
- gemahlener Kümmel
- 500 ml Braunbier

Zubereitungszeit

30 Minuten (plus Schmorzeit)

Pro Portion

ca. 618 kcal/2594 kJ
65 g E · 27 g F · 24 g KH

1 Das Fleisch in kleine Würfel schneiden. Die Zwiebeln und den Knoblauch schälen und klein würfeln. Die Zwiebelwürfel in dem Schmalz unter Rühren anbraten.

2 Das Fleisch in Portionen dazugeben und kräftig anbraten. Das Brot fein reiben und ebenfalls mitbraten lassen. Alles mit Salz, frisch gemahlenem Pfeffer und Kümmel nach Geschmack würzen.

3 Den Knoblauch dazugeben und das Bier angießen. Das Fleisch darin etwa 50 Minuten langsam schmoren lassen. Abschmecken und mit knusprigen Bratkartoffeln servieren.

Bierfleisch ist eine besonders würzige Speise. Oftmals wird es als Partygericht serviert, da es immer gut bei den Gästen ankommt. Natürlich darf dazu auch ein kühles Glas Bier nicht fehlen.

Landecker Rindfleisch mit Rosinensauce

Zutaten für 4 Personen

1,2 kg Rindfleisch
Salz, Pfeffer
75 g Rosinen
50 g Butter
120 g Mandelstifte
40 g Mehl
Zitronensaft
Zucker

Zubereitungszeit

15 Minuten (plus Garzeit)

Pro Portion

ca. 673 kcal/2825 kJ
47 g E · 44 g F · 23 g KH

1 Das Rindfleisch in Salzwasser etwa 2 Stunden offen köcheln lassen, den sich bildenden Schaum abnehmen. Die Rosinen in wenig heißem Wasser quellen lassen, anschließend abtropfen lassen und den Sud beiseitestellen.

2 Die Butter zerlassen und die Mandeln und die Rosinen darin andünsten. Mit dem Mehl bestäuben und 500 ml Rindfleischsud angießen. Das Rosinenwasser ebenfalls hinzugießen.

3 Die Sauce mindestens 30 Minuten köcheln lassen. Mit Zitronensaft, Salz, Pfeffer und Zucker abschmecken. Das Fleisch in Scheiben schneiden und mit der Sauce servieren. Dazu passen Klöße.

Fisch-
gerichte

Karpfen in Lebkuchensauce

Zutaten für 4 Personen

1 Karpfen, ca. 2 kg
1 Bund Suppengrün
1 Zwiebel
50 g Butter
500 ml Braunbier
50 ml Rotwein
5 Pfefferkörner
10 Pimentkörner
3 Lorbeerblätter
1/2 Tl getr. Thymian
1 Tl Salz
2 El Weißweinessig
100 g Lebkuchen
8 Backpflaumen
Zucker
1 El Zitronensaft
je 40 g gehackte Walnüsse
und Mandeln, 20 g Rosinen

Zubereitungszeit

35 Minuten (plus Garzeit)

Pro Portion

ca. 790 kcal/3318 kJ
74 g E · 38 g F · 34 g KH

1 Den Karpfen filetieren und in kleine Portionsstücke schneiden. Das Suppengrün putzen, waschen und klein würfeln. Die Zwiebel schälen und fein hacken.

2 Das Gemüse in der Butter langsam andünsten, das Bier und den Rotwein angießen. Pfefferkörner, etwas Piment, Lorbeerblätter, Thymian und Salz hinzugeben.

3 Den Essig ebenfalls dazugeben und 15 Minuten köcheln lassen. Die Karpfenstücke hineinlegen und bei geringer Hitze 10–12 Minuten ziehen lassen.

4 Den Lebkuchen fein reiben und die Backpflaumen klein würfeln. Gegarte Karpfenstücke aus dem Sud nehmen und warm stellen. Lebkuchen in die Sauce rühren. Sauce mit Zucker, Salz und Zitronensaft abschmecken, etwa 5 Minuten durchziehen lassen.

5 Walnüsse, Mandeln, Backpflaumen und Rosinen unter die Sauce heben. Karpfenstücke darin 5 Minuten ziehen lassen, anschließend servieren. Dazu passen Salzkartoffeln.

Kattowitzer Häckerle

Zutaten für 4 Personen

4 Salzheringe
4 hart gekochte Eier
2 Äpfel
2 Zwiebeln
3 Scheiben Frühstücksspeck
100 g saure Sahne
1 Tl Senf
etwas Pfeffer
etwas Zucker

Zubereitungszeit

30 Minuten
(plus Zeit zum Wässern und
Zeit zum Ziehen)

Pro Portion

ca. 308 kcal/1292 kJ
19 g E · 21 g F · 11 g KH

1 Die Salzheringe über Nacht wässern. Am nächsten Tag abtropfen lassen, häuten und entgräten. Anschließend fein hacken.

2 Die Eier, die Äpfel und die Zwiebeln schälen und die Äpfel entkernen. Speck, Eier, Äpfel und Zwiebeln würfeln und mit dem Hering vermischen.

3 Die saure Sahne mit dem Senf verrühren und mit Pfeffer und Zucker würzen. Die saure Sahne-Senf-Mischung mit den gewürfelten Zutaten vermischen und mindestens 30 Minuten ziehen lassen. Zu Pellkartoffeln servieren.

Kein anderer Fisch hat in der Geschichte eine so große wirtschaftliche und politische Bedeutung gehabt wie der Hering. Schon im Mittelalter hat er die Menschen oftmals vor Hungersnöten bewahrt. Durch das Salzen wurde der bis dato leicht verderbliche Hering auch zu einem wichtigen Exportartikel, der bis tief nach Russland, in die Alpenländer und auf den Balkan geliefert wurde.

Fischfilet auf Sauerkraut

Zutaten für 4 Personen

2 säuerliche Äpfel
2 Zwiebeln
40 g Butter
800 g Sauerkraut
1 Lorbeerblatt
4 Wacholderbeeren
1 El Zitronensaft
125 ml trockener Weißwein
125 ml Gemüsebrühe
1 El Zucker
4 Fischfilets à 200 g

Zubereitungszeit
20 Minuten (plus Garzeit)

Pro Portion
ca. 330 kcal/1386 kJ
39 g E · 11 g F · 14 g KH

1 Die Äpfel schälen, entkernen und das Fruchtfleisch klein schneiden. Zwiebeln schälen und klein schneiden. Die Butter zerlassen, Äpfel und Zwiebeln darin andünsten. Das Sauerkraut mit einer Gabel auflockern und dazugeben, die Gewürze und den Zitronensaft ebenfalls dazugeben.

2 Einmal durchrühren, den Wein und die Brühe angießen und den Zucker hinzugeben. Alles 20 Minuten dünsten lassen. Den Backofen auf 200 °C vorheizen.

3 Die Fischfilets salzen und säuern. Das Sauerkraut in eine gebutterte Auflaufform geben und den Fisch darauf verteilen. Im vorgeheizten Backofen bei 200 °C etwa 15 Minuten garen lassen. Mit Kartoffelbrei servieren.

Heringskartoffeln

Zutaten für 4 Personen

- 4 doppelte Matjesfilets
- 1 kg Kartoffeln
- 80 g Butter
- 40 g Mehl
- 500 ml Sahne
- frisch gemahlener Pfeffer
- 150 g gekochter Schinken
- Butter für die Form
- 50 g frisch geriebener
  milder Käse

Zubereitungszeit

20 Minuten
(plus Gar- und Backzeit)

Pro Portion

ca. 925 kcal/3885 kJ
29 g E · 69 g F · 48 g KH

1 Den Fisch in kleine Stücke schneiden, wenn er sehr salzig ist vorher 30 Minuten wässern. Kartoffeln waschen und 20 Minuten garen, abgießen, pellen und in Scheiben schneiden.

2 Den Backofen auf 200 °C vorheizen. Die Hälfte der Butter zerlassen und das Mehl darin anschwitzen. Die Sahne mit 250 ml Wasser angießen und die Sauce mit Pfeffer würzen.

3 Schinken würfeln und unter die Sauce heben. Kartoffeln und Heringe abwechselnd in eine gebutterte Auflaufform schichten. Die Sauce gleichmäßig darübergießen und alles mit dem geriebenen Käse bestreuen. Restliche Butter in Flöckchen darauf verteilen. Im vorgeheizten Backofen bei 200 °C etwa 30 Minuten goldbraun backen.

Fischklöße

Zutaten für 4 Personen

1 Brötchen
800 g Hechtfilet
1 kleine Zwiebel
20 g Butter
1 Ei
1 Tl Salz
Pfeffer
1 El frisch geriebener Käse
evtl. etwas Mehl

Zubereitungszeit
20 Minuten (plus Garzeit)

Pro Portion
ca. 260 kcal/1092 kJ
40 g E · 8 g F · 7 g KH

1 Das Brötchen in warmem Wasser einweichen. Den Fisch zweimal durch die feine Scheibe des Fleischwolfs drehen. Die Zwiebel schälen und fein gehackt in der Butter glasig dünsten.

2 Das Brötchen fest ausdrücken und mit den gedünsteten Zwiebeln zum Fisch geben. Das Ei mit Salz, Pfeffer und Käse dazugeben und alles gründlich verkneten. Mit nassen Händen daraus einen Probekloß formen.

3 Wasser in einem Topf zum Kochen bringen, salzen und den Kloß darin 10–15 Minuten ziehen lassen. Fällt der Kloß auseinander, etwas Mehl darunterkneten. Aus der restlichen Masse Klöße formen und gar ziehen lassen. Das Wasser darf nicht kochen. Die Klöße mit Tomatensauce servieren.

Überbackener Weißfisch

Zutaten für 4 Personen

- 1 kg Fischfilet, z.B. Hecht
- 1 El Salz
- 1–2 El Zitronensaft
- 1 kleine gehackte Zwiebel
- 1 El gehackte Petersilie
- 4 El Tomatenmark
- 40 g Butter
- 40 g Mehl
- 375 ml Gemüsebrühe
- 2 El trockener Weißwein
- Zucker
- 125 g Champignons
- 1 El Paniermehl
- 1 frisch geriebener Käse

Zubereitungszeit

25 Minuten
(plus Zeit zum Ziehen
und Garzeit)

Pro Portion

ca. 343 kcal/1439 kJ
49 g E · 11 g F · 11 g KH

1 Das Fischfilet häuten, in eine Auflaufform legen, mit dem Salz bestreuen und mit dem Zitronensaft beträufeln. Fisch 30 Minuten ziehen lassen. Den Backofen auf 200 °C vorheizen.

2 Inzwischen die Zwiebel mit der Petersilie und dem Tomatenmark in etwas Butter 5 Minuten andünsten, das Mehl darin schwitzen lassen. Die Brühe mit dem Wein angießen und zu einer glatten Sauce rühren. Die Sauce etwa 25 Minuten köcheln lassen.

3 Mit Salz und Zucker abschmecken und die Hälfte der Sauce über den Fisch verteilen, bis er gleichmäßig bedeckt ist.

4 Die Champignons sauber bürsten und klein gewürfelt über den Fisch streuen. Paniermehl, Käse und die restliche Butter darüber verteilen.

5 Fisch im vorgeheizten Backofen bei 200 °C etwa 20 Minuten überbacken. Die restliche Sauce mit etwas Wasser verdünnen und dazu servieren.

Grüner Fisch

Zutaten für 4 Personen

1,2 kg küchenfertiger Fisch
   z.B. Hecht, Zander, Schleie
1 El Salz
100 g Sellerie
1/2 Stange Porree
1 Petersilienwurzel
1 Zwiebel
80 g Butter
je 2 Pfeffer- und Pimentkörner
2 Lorbeerblätter
40 g Mehl
125 ml Sahne
1 Eigelb
2 El fein gewiegter Dill
   und Petersilie

Zubereitungszeit

25 Minuten (plus Garzeit)

Pro Portion

ca. 303 kcal/1271 kJ
34 g E · 13 g F · 13 g KH

1 Den Fisch in Portionsstücke schneiden und mit dem Salz bestreuen. Das Gemüse putzen, waschen, schälen und klein schneiden.

2 Das Gemüse in 40 g Butter andünsten, etwa 1 l Wasser angießen. Die Gewürze dazugeben und alles 15 Minuten kochen. Den Fisch hineinlegen, die restliche Butter in Flöckchen darüber verteilen und 15 Minuten zugedeckt gar ziehen lassen.

3 Herausnehmen und warm halten. Mehl mit Sahne glatt verrühren und den Sud damit binden, 10 Minuten durchkochen lassen. Anschließend mit Eigelb legieren. Mit Salz abschmecken, Kräuter und Fisch vorsichtig unterheben und servieren.

Schmandheringe

1 Die Heringe waschen, abtropfen lassen und der Länge nach halbieren. Den Essig mit 500 ml Wasser vermischen und die Heringshälften darin 24 Stunden einlegen.

2 Die Äpfel schälen, entkernen und das Fruchtfleisch in Scheiben schneiden. Die Gurken klein würfeln. Die Zwiebeln schälen und in dünne Scheiben schneiden. Die Tomaten waschen, abtrocknen und ebenfalls in Scheiben schneiden.

3 Die Heringe aus dem Essigwasser herausnehmen und schichtweise mit Äpfeln, Gurken, Zwiebeln und Tomaten in ein Porzellangefäß legen. Die saure Sahne verrühren und darüber verteilen. Die Heringe über Nacht abgedeckt durchziehen lassen.

Zutaten für 4 Personen

10–12 gewässerte Heringe
500 ml Essig
3 saure Äpfel
2 saure Gurken
2 kleine Zwiebeln
3–4 vollreife Tomaten
500 g saure Sahne

Zubereitungszeit

20 Minuten
(plus Zeit zum Ziehen)

Pro Portion

ca. 388 kcal/1628 kJ
32 g E · 21 g F · 17 g KH

Desserts & Backwaren

Breslauer Möhrenlebkuchen

Zutaten für 40 Stück

250 g Rübenkraut
100 g Zucker
1 Msp. Zimt
1 Prise Nelke
1/2 Tl abgeriebene
   Zitronenschale
20 g Kakao
250 g geriebene Möhren
75 g Zitronat
20 g Orangeat
100 g Feigen
75 g Mandelstifte
100 g Korinthen
500 g Mehl
1 P. Backpulver
halbierte Mandeln

Guss

100 g Puderzucker
2 El Zitronensaft
2 El heißes Wasser
Fett für das Backblech

Zubereitungszeit

25 Minuten
(plus Backzeit)

Pro Stück

ca. 100 kcal/423 kJ
2 g E · 1 g F · 20 g KH

1 Rübenkraut mit 80 g Zucker aufkochen, vom Herd nehmen und die Gewürze, den Kakao und die Möhren unterrühren.

2 Zitronat, Orangeat und Feigen mit restlichem Zucker bestreuen und fein hacken. Mit den Mandelstiften und den Korinthen zum Teig geben. Das Mehl mit dem Backpulver vermischen und alles verrühren.

3 Den Teig etwa 1,5 cm dick auf ein gefettetes Backblech streichen. Mit einem Messer den Teig in Rechtecke schneiden und mit den halbierten Mandeln belegen. Den Lebkuchen im vorgeheizten Backofen bei 175 °C etwa 30 Minuten backen lassen. Die Zutaten für den Guss verrühren und über den noch warmen Kuchen verteilen.

Görlitzer Quarkauflauf

Zutaten für 4 Personen
3 Eier

175 g Puderzucker

250 g Quark

1 P. Vanillinzucker

3 El Eierlikör

5 Äpfel

120 g geblätterte Mandeln

100 g halbierte Erdbeeren

Zubereitungszeit
20 Minuten (plus Backzeit)

Pro Portion
ca. 505 kcal/2121 kJ

21 g E · 23 g F · 52 g KH

1 Die Eier trennen, das Eigelb mit dem Puderzucker schaumig rühren. Den Quark mit Vanillinzucker und Eierlikör unterrühren. Das Eiweiß zu steifem Eischnee schlagen und unter die Eigelbmasse heben.

2 Den Backofen auf 250 °C vorheizen. Die Äpfel schälen, das Kerngehäuse ausstechen und das Fruchtfleisch in Scheiben schneiden. Die Apfelscheiben auf 4 backofenfeste Teller legen und die Quarkmasse gleichmäßig darüber verteilen.

3 Im vorgeheizten Backofen bei 250 °C etwa 7 Minuten überbacken. Inzwischen die Mandeln ohne Fett rösten. Quarkauflauf vor dem Servieren damit bestreuen und mit den Erdbeeren garnieren.

Görlitz ist die östlichste Stadt Deutschlands. Mit 3500 größtenteils restaurierten Baudenkmälern weist Görlitz eines der besterhaltenen historischen Stadtbilder in Deutschland auf und bildet damit das größte zusammenhängende nationale Flächendenkmal.

Steinauer Birnentorte

Zutaten für 12 Stücke

- 100 g Mehl
- 50 g Kartoffelmehl
- 1 Eigelb
- 50 g Zucker
- 80 g Butter
- 1 kg vollreife, saftige Birnen
- 1–2 El Zitronensaft
- 75 g gehackte Walnusskerne
- 2–3 El Birnengeist
- Fett für die Form

Zubereitungszeit

20 Minuten
(plus Kühl- und Backzeit)

Pro Stück

ca. 200 kcal/843 kJ
2 g E · 10 g F · 25 g KH

1 Das Mehl mit dem Kartoffelmehl, Eigelb, Zucker und Butter schnell zu einem Teig verkneten. Den Teig 30 Minuten kalt stellen.

2 Die Birnen schälen, halbieren und entkernen, fächerartig einschneiden und mit Zitronensaft beträufeln. Backofen auf 175 °C vorheizen. Den Teig ausrollen und in eine gefettete Tarteform (24 cm Ø) legen.

3 Mit einer Gabel mehrfach einstechen. Die Birnen darauf verteilen, die Nüsse darüberstreuen. Im vorgeheizten Backofen bei 175 °C etwa 45 Minuten backen lassen. Den noch warmen Kuchen mit dem Birnengeist beträufeln.

Mohnpielen

Zutaten für 4 Personen

100 g Rosinen

3 cl Orangenlikör

2 süße Brötchen

4 Scheiben Zwieback

3/4 l Milch

250 g Mohn

1/4 Stange Vanille

150 g Zucker

120 g gehobelte Mandeln

1/4 l Sahne

Zubereitungszeit

40 Minuten

(plus Zeit zum Ziehen)

Pro Portion

ca. 1250 kcal/5250 kJ

33 g E · 71 g F · 118 g KH

1 Die Rosinen in Orangenlikör einweichen. Die Brötchen in Scheiben schneiden, mit dem Zwieback in der angewärmten Milch 10 Minuten einweichen und auf einem Sieb abtropfen lassen, Milch dabei auffangen. Anschließend die Masse ausdrücken.

2 Mohn, Vanille, Rosinen, Zucker und Mandeln vorsichtig in der Brötchenmilch etwa 10 Minuten kochen und dann abkühlen lassen.

3 Die Sahne steif schlagen, unter die Mohnmasse heben und schichtweise mit der ausgedrückten Brötchen- und Zwiebackmasse in eine Glasschüssel füllen.

4 Vor dem Servieren müssen die Mohnpielen 2 Tage im Kühlschrank durchziehen.

Mohnpielen werden meist in einer Glasschale serviert, frisch mit Zucker und Zimt bestreut. Sie sind ein typisches schlesisches Gericht, das besonders zu Heiligabend und an Silvester gereicht wird. Literarische Erwähnung finden Mohnpielen z. B. in Theodor Fontanes Roman „Vor dem Sturm".

Knasterkuchen

Zutaten für 20 Stücke

850 g Mehl
350 g Zucker
350 g Butter
1 P. Vanillinzucker
Salz
2 Eigelb
1 Würfel Hefe
ca. 200 ml Milch
Fett für das Backblech
Mehl zum Ausrollen
125 g gemahlene Mandeln
1 Tl Backpulver
Zimt
Muskat
2–3 El Milch

Guss

125 ml Milch
125 g Butter
60 g Puderzucker

Zubereitungszeit

30 Minuten
(plus Zeit zum Gehen und
Backen)

Pro Stück

ca. 457 kcal/1917 kJ
6 g E · 25 g F · 52 g KH

1 500 g Mehl mit 100 g Zucker, 100 g weicher Butter, Vanillinzucker, 1 Prise Salz und den Eigelb in eine Schüssel geben, in die Mitte eine Mulde drücken. Die Hefe mit der lauwarmen Milch verrühren, dazugeben und alles zu einem Hefeteig verarbeiten, bis er sich vom Schüsselrand löst. Den Teig zugedeckt 30 Minuten gehen lassen.

2 Den Teig auf einer bemehlten Arbeitsfläche ausrollen und auf ein gefettetes Backblech legen. Zugedeckt etwa 15 Minuten gehen lassen. Den Backofen auf 200 °C vorheizen.

3 Restlichen Zucker und restliches Mehl mit Mandeln, Backpulver, je 1 Prise Salz, Zimt und Muskatnuss vermischen und die sehr heiße, restliche Butter darübergießen. Alles zu großen Streuseln verarbeiten.

4 Den Hefeteig mit Milch bestreichen, Streusel darüber verteilen. Im vorgeheizten Backofen bei 200 °C etwa 20 Minuten backen.

5 Den heißen Kuchen mit einer Mischung aus heißer Milch und 50 g Butter beträufeln. Vor dem Servieren die restliche Butter zerlassen, Kuchen damit bestreichen und dick mit Puderzucker bestäuben.

Bunzlauer Spritzgebäck

Zutaten für 60 Stück

75 g Marzipanrohmasse

1 kleines Ei

200 g Zucker

1 P. Vanillinzucker

1 Prise Salz

400 g Butter

500 g Mehl

1 Tl Backpulver

Backpapier

Zubereitungszeit

25 Minuten (plus Backzeit)

Pro Stück

ca. 100 kcal/423 kJ

1 g E · 6 g F · 10 g KH

1 Den Backofen auf 200 °C vorheizen. Die Marzipanrohmasse mit dem Ei in einer Rührschüssel fein pürieren. Nach und nach Zucker, Vanillinzucker und Salz darunterrühren.

2 Die weiche Butter dazugeben und die Masse schaumig rühren. Das Mehl mit dem Backpulver vermischen und kurz unterrühren. Ist der Teig zu dünn, noch etwas Mehl darunterrühren.

3 Aus dem Teig mit einem Spritzbeutel auf ein mit Backpapier belegtes Backblech beliebige Formen spritzen. Im vorgeheizten Backofen bei 200 °C etwa 10 Minuten goldbraun backen.

Rote Grütze

Zutaten für 4 Personen

500 g Obst, z.B. entsteinte
Kirschen, Johannisbeeren
und Himbeeren
125 g Zucker
125 g Grieß

Zubereitungszeit

15 Minuten (plus Garzeit)

Pro Portion

ca. 280 kcal/1176 kJ
4 g E · 1 g F · 62 g KH

1 Das Obst putzen, waschen und abtropfen lassen. Obst in 500 ml Wasser weich kochen, anschließend durch ein Sieb streichen und mit Wasser auf 750 ml auffüllen.

2 Aufkochen, mit Zucker abschmecken und den Grieß hineinstreuen, Grieß 10–15 Minuten quellen lassen.

3 Anschließend die Rote Grütze in eine Schüssel füllen und mit Vanillesauce oder Sahne servieren.

Feiner Rhabarberkuchen aus Breslau

Zutaten für 20 Stücke

- 600 g frischer Rhabarber
- 6 Eier
- 400 g Puderzucker
- 300 g Butter
- 500 g Mehl
- 2 Tl Backpulver
- 100 ml Milch
- Butter und Paniermehl für das Backblech

Zubereitungszeit

25 Minuten (plus Backzeit)

Pro Stück

ca. 271 kcal/1138 kJ
5 g E · 15 g F · 29 g KH

1 Den Rhabarber putzen, waschen, schälen und in 3 cm große Stücke schneiden. Die Eier mit 300 g Puderzucker im Wasserbad dickschaumig schlagen. Anschließend beiseitestellen und abkühlen lassen. Den Backofen auf 175 °C vorheizen.

2 Die weiche Butter unterrühren. Das Mehl mit Backpulver vermischen und im Wechsel mit der Milch darunterheben.

3 Ein gefettetes Backblech mit Paniermehl bestreuen. Die Kuchenmasse darauf verteilen, den Rhabarber darüberstreuen. Im vorgeheizten Backofen bei 175 °C etwa 35 Minuten backen lassen.

4 Den Kuchen sofort vom Blech lösen und vor dem Servieren mit dem restlichen Puderzucker bestäuben.

Zöblitzer Käsetorte

Zutaten für 12 Stücke

200 g Butter
200 g Zucker
3 große Eier
Saft und abgeriebene Schale
von 1/2 unbehandelten
Zitrone
5 El Weizengrieß
750 g Quark
1 P. Backpulver
1 El Mehl
Fett und Paniermehl
für die Form

Zubereitungszeit

15 Minuten (plus Backzeit)

Pro Stück

ca. 220 kcal/927 kJ
11 g E · 9 g F · 24 g KH

Zöblitz ist 1323 erstmals urkundlich erwähnt und gilt als eine der ältesten Siedlungsstätten des mittleren und oberen Erzgebirges am sogenannten Alten Böhmischen Steig. Sie verfügt über zahlreiche archäologisch nachgewiesene Burgenstandorte (z. B. Nidberg), deren zeitliche Einordnung bis ins 12. Jahrhundert garantiert ist.

1 Die weiche Butter mit Zucker dickschaumig rühren. Nach und nach Eier, Zitronensaft und -schale darunterschlagen.

2 Den Grieß unterrühren, den Quark dazugeben und ebenfalls unterrühren. Das Backpulver mit dem Mehl vermischen und nur kurz unter die Teigmasse heben.

3 Eine Springform (28 cm Ø) einfetten und dick mit Paniermehl ausstreuen. Die Käsemasse hineinfüllen und glatt streichen. Im Backofen bei 175 °C etwa 60 Minuten backen.

Mohn-Streusel-Kuchen

Zutaten für 20 Stücke

400 g Mehl
50 g Zucker
75 g Butter,
1 Prise Salz
1 Ei
1 Würfel Hefe
ca. 200 ml Milch

Belag

400–500 g frisch gemahlener
Mohn
3–5 El Zucker
200–300 ml Milch
100 g gehackte Mandeln

Streusel

250 g Mehl
125 g Zucker
125 g Butter
Mehl zum Ausrollen
Fett für das Backblech

Zubereitungszeit

25 Minuten
(plus Zeit zum Gehen
und Backen)

Pro Stück

ca. 359 kcal/1508 kJ
9 g E · 21 g F · 34 g KH

1 Für den Teig das Mehl mit Zucker, weicher Butter, 1 Prise Salz und dem Ei in eine Schüssel geben und in die Mitte eine Mulde drücken. Hefe mit der lauwarmen Milch verrühren, dazugeben und alles zu einem Hefeteig verarbeiten, bis er sich vom Schüsselrand löst und Blasen wirft. Teig zugedeckt 30 Minuten gehen lassen.

2 Für den Belag den Mohn mit so viel Zucker und Milch unter Rühren erhitzen, dass eine streichfähige saftige Masse entsteht. Die Mandeln unterrühren.

3 Den Backofen auf 200 °C vorheizen. 2/3 des Teiges auf einer bemehlten Arbeitsfläche ausrollen und auf ein gefettetes Backblech legen. Die Mohnmasse darauf verstreichen. Restlichen Teig dünn ausrollen und darüberlegen.

4 Für die Streusel das Mehl mit dem Zucker vermischen, die heiße Butter dazugießen und alles zu Streuseln verarbeiten. Streusel auf dem Kuchen verteilen.

5 Im vorgeheizten Backofen bei 200 °C etwa 20 Minuten backen, bis die Streusel hellbraun sind.

Mohnstrietzel

Zutaten für 18 Stück

Hefeteig

- 1 kg Mehl
- 150 g Zucker
- 300 g Butter
- 1 Prise Salz
- 2 Eigelb
- 40 g bittere Mandeln
- 100 g gehackte Mandeln
- 50 g Zitronat
- 60 g Hefe
- 250 ml Milch

Füllung

- 350 g fein gemahlener Mohn
- 175 g Zucker
- ca. 375 ml Milch
- 200 g Butter
- 1 El Mehl
- 3 Eier
- 1 Prise Salz
- Fett für das Backblech
- Puderzucker

Zubereitungszeit

25 Minuten
(plus Zeit zum Gehenlassen
und Backen)

Pro Stück

ca. 610 kcal/2566 kJ
15 g E · 38 g F · 53 g KH

1 Für den Teig Mehl, Zucker, weiche Butter, 1 Prise Salz, Eigelb, Mandeln und Zitronat in eine Schüssel geben. Hefe mit der lauwarmen Milch verrühren, dazugeben und zu einem Hefeteig verarbeiten. Zugedeckt etwa 30 Minuten gehen lassen.

2 Mohn mit Zucker, Milch und 100 g Butter aufkochen, 10 Minuten quellen. Restliche Zutaten unterrühren. Den Backofen auf 200 °C vorheizen.

3 Teig ausrollen, kalte Füllung darauf verteilen. Von den Längsseiten aus zur Mitte hin aufrollen. Mit der Naht nach unten auf ein gefettetes Backblech legen und mit 50 g Butter bestreichen. Im vorgeheizten Backofen bei 175 °C etwa 50 Minuten backen. Mit restlicher Butter bestreichen und mit Puderzucker bestäubt servieren.

Mohnkränzchen

Zutaten für 60 Stück
100 g Mohn
175 g Butter
100 g Zucker
1 P. Vanillinzucker
1 Ei
250 g Mehl
Salz
ca. 5 El Milch
Puderzucker
Backpapier

Zubereitungszeit
25 Minuten
(plus Kühl- und Backzeit)

Pro Stück
ca. 52 kcal/219 kJ
1 g E · 3 g F · 5 g KH

1 Den Mohn leicht anrösten, erkalten lassen und mahlen. Die Butter mit Zucker und Vanillinzucker dickschaumig rühren. Das Ei unterrühren. Mohn mit Mehl und 1 Prise Salz dazugeben und alles zu einem glatten Teig verrühren. Nur soviel von der Milch unterrühren, dass der Teig spritzfähig ist.

2 Aus dem Teig mit einem Spritzbeutel Kränzchen von 4 cm Durchmesser auf ein mit Backpapier ausgelegtes Backblech spritzen. 30 Minuten kalt stellen.

3 Den Backofen auf 150 °C vorheizen. Die Kränzchen im vorgeheizten Backofen etwa 12 Minuten goldbraun backen. Mit Puderzucker bestäuben.

Liegnitzer Bomben

Zutaten für 24 Stück

100 g Honig

100 g Rübenkraut

125 g Zucker

75 g Butter

2 El Milch

2 Eier

Saft und abgeriebene
  Schale von 1/2 unbe-
  handelten Zitrone,

1 Msp. gemahlener Kardamom

2 Msp. gemahlene Nelken

1 Tl Zimt

250 g Mehl

25 g Kakao

3 Tl Backpulver

je 75 g Korinthen

gehackte Mandeln
  und Zitronat

175 g Aprikosen-Konfitüre

200 g Zartbitter-Kuvertüre

20 g Palmin

24 kleine Muffin-Förmchen

Zubereitungszeit

25 Minuten (plus Backzeit)

Pro Stück

ca. 188 kcal/790 kJ

3 g E · 8 g F · 26 g KH

1 Honig, Rübenkraut, Zucker, Butter und Milch in einem Topf erwärmen und wieder abkühlen lassen. Eier, Zitronensaft und -schale, Kardamom, Nelken und Zimt darunterrühren. Das Mehl mit Kakao und Backpulver vermischen und unterrühren. Korinthen, Mandeln und gehacktes Zitronat unter den Teig kneten. Backofen auf 175 °C vorheizen.

2 Teig in die Förmchen verteilen. Im vorgeheizten Backofen bei 175 °C etwa 10–15 Minuten backen lassen. Sofort nach dem Backen aus den Förmchen lösen und erkalten lassen.

3 Konfitüre mit 2 El Wasser aufkochen, das erkaltete Gebäck damit bestreichen. Die Kuvertüre mit dem Palmin im Wasserbad auflösen und die Liegnitzer Bomben damit überziehen.

Einback

Zutaten für 15 Stücke

1 Würfel Hefe
250 ml Milch
500 g Mehl
75 g Butter
75 g Zucker
1 Ei
1 Prise Salz
50 g Rosinen
50 g Korinthen
Fett und Paniermehl
für die Form

Zubereitungszeit

25 Minuten
(plus Zeit zum
Gehenlassen
und Backen)

Pro Stück

ca. 208 kcal/876 kJ
5 g E · 6 g F · 34 g KH

1 Aus allen Teigzutaten einen Hefeteig zubereiten, die Hefe dafür zuvor in lauwarmer Milch auflösen. Den Teig zugedeckt etwa 20 Minuten gehen lassen.

2 Eine große Kastenform einfetten und mit Paniermehl ausstreuen. Den Teig einfüllen und zugedeckt etwa 20 Minuten gehen lassen.

3 Den gegangenen Teig im vorgeheizten Backofen bei 200 °C etwa 15–20 Minuten backen. Herausnehmen, etwas abkühlen lassen und aus der Form stürzen. Der Einback wird zum Servieren in Scheiben geschnitten und in Kaffee gestippt gegessen.

Aprikosenspeise

Zutaten für 4 Personen

375 g getrocknete Aprikosen
15 Blatt weiße Gelatine
175 g Zucker
250 ml Sahne
75 g Pistazien
Öl

Zubereitungszeit

15 Minuten
(plus Einweich-, Koch-
und Kühlzeit)

Pro Portion

ca. 715 kcal/3003 kJ
13 g E · 29 g F · 96 g KH

1 Die Aprikosen waschen und über Nacht in 750 ml Wasser einweichen. Am nächsten Tag die Aprikosen mit dem Einweichwasser etwa 20 Minuten weich kochen.

2 Die Gelatine nach Packungsvorschrift in kaltem Wasser einweichen. Die Aprikosen pürieren, durch ein feines Sieb streichen und mit Wasser auf 1 l auffüllen.

3 Die Masse mit dem Zucker abschmecken, zurück in den Topf geben, aufkochen und vom Herd nehmen. Die Gelatine ausdrücken, zur Aprikosenmasse hinzugeben und unter Rühren darin auflösen.

4 Eine Ringform mit Öl einfetten und die etwas abgekühlte Aprikosenmasse in die Form hineinfüllen. Über Nacht im Kühlschrank erstarren lassen.

5 Am nächsten Tag vorsichtig aus der Form stürzen. Die Sahne steif schlagen und in die Mitte füllen. Die Pistazien fein hacken, Sahne damit bestreuen und servieren.

irschsuppe

Zutaten für 4 Personen

400 g saure entsteinte Kirschen
1 Stück unbehandelte
    Zitronenschale
20 g Speisestärke
ca. 175 g Zucker
Minze zum Garnieren

Zubereitungszeit

10 Minuten (plus Kochzeit)

Pro Portion

ca. 283 kcal/1187 kJ
1 g E · 1 g F · 68 g KH

1 Die Kirschen mit der Zitronenschale in 750 ml Wasser etwa 5–10 Minuten weich kochen lassen.

2 Die Hälfte der Kirschen herausnehmen und pürieren. Kirschpüree zur Suppe in den Topf geben und verrühren.

3 Die Speisestärke mit etwas Wasser glatt verrühren und die Suppe damit binden. Suppe mit dem Zucker abschmecken und mit Minze garnieren. Heiß oder kalt servieren.

Schokoladensuppe

Zutaten für 4 Personen
1 l Milch
75 g Zartbitter-Schokolade
1 El Kakao
Salz
20 g Speisestärke
Zucker
1 Ei
1 Tl Vanillinzucker

Zubereitungszeit
25 Minuten

Pro Portion
ca. 303 kcal/1271 kJ
12 g E · 17 g F · 26 g KH

1 Die Milch mit der zerkleinerten Schokolade, dem Kakao und 1 Prise Salz zum Kochen bringen. Die Speisestärke mit 125 ml Wasser glatt rühren und die Suppe damit binden. Die Suppe 5 Minuten köcheln lassen und mit Zucker abschmecken.

2 Das Ei trennen und die Suppe mit dem Eigelb legieren. Das Eiweiß mit 1 Tl Zucker und dem Vanillinzucker zu steifem Eischnee schlagen.

3 Mit einem Teelöffel davon kleine Klößchen auf kochendes Wasser setzen und etwa 5 Minuten gar ziehen lassen. Herausnehmen, abtropfen lassen und auf die fertige Suppe setzen. Suppe heiß oder kalt servieren.

Rezeptregister